ALFONSO PÉREZ RANCHAL

LA
VIDA

LA
MUERTE

Y EL
MÁS ALLÁ

A TRAVÉS DE LA BIBLIA

CLAVES PARA LA COMPRENSIÓN DE LOS TEXTOS SAGRADOS

Editorial CLIE
www.clie.es

EDITORIAL CLIE
C/ Ferrocarril, 8
08232 VILADECAVALLS
(Barcelona) ESPAŃA
E-mail: clie@clie.es
http://www.clie.es

© 2022 por Editorial CLIE

La vida, la muerte y el más allá a través de la Biblia.
ISBN: 978-84-18204-81-4
Depósito Legal: B 20279-2021
Teología cristiana
Escatología
Referencia: 225169

ACERCA DEL AUTOR

Alfonso Pérez Ranchal es Diplomado en Teología Pastoral por el CEIBI (Centro de Investigaciones Bíblicas), Licenciado en Teología y Biblia por la Global University y profesor del CEIBI. Vive en Cádiz (España) y pertenece a la Iglesia anglicana.

AGRADECIMIENTO

Estoy en deuda con Alfonso Ropero Berzosa. Este libro es un desarrollo más amplio de lo que originalmente era una tesis. Desde el mismo inicio, cuando únicamente era una posible idea a investigar, Alfonso Ropero me mostró su apoyo, me recomendó toda una serie de magníficos libros y me dio su opinión en más de una ocasión. Sin su interés totalmente desinteresado ni aquella tesis ni este libro hubieran podido ser escritos.

Por supuesto, cualquier carencia que el lector pueda apreciar en este texto se debe única y exclusivamente a mi responsabilidad.

Este libro está dedicado a mi mujer Mila y a mis dos hijos, Loida y Moisés.
Son ellos la razón más poderosa que encuentro en mi vida para seguir
creyendo en Dios.

ÍNDICE

PARTE II

LA VIDA, LA MUERTE Y EL MÁS ALLÁ EN EL NUEVO TESTAMENTO

Versiones bíblicas

En este libro hemos usado cuatro versiones bíblicas como son *La Palabra* (2010), la *Biblia del Peregrino* (1995), *La Biblia de las Américas* (1997) y *La Santa Biblia Nueva Versión Internacional* (1999). En todo momento se indicará cuál de las versiones se está citando colocando para este fin las siglas al lado del texto. Así, *La Palabra* se identificará como BLP, la *Biblia del Peregrino* como BP, *La Biblia de las Américas* como LBLA, y *La Santa Biblia Nueva Versión Internacional* como NVI.

PRÓLOGO

La vida y la muerte, he aquí los dos grandes interrogantes sobre los que ha pivotado todo el pensamiento habido y por haber, dando lugar a sistemas religiosos y filosóficos muy diversos. Los escritores bíblicos no son una excepción, como bien dice el autor de esta obra, la meditación sobre la vida y la muerte ocupó la mente de reyes, poetas, cronistas, profetas, que comprenderán a la luz de la *revelación* sus existencias y la del pueblo al que pertenecen.

Revelación *progresiva*, indudablemente, conforme el pueblo iba madurando como tal en su concepción de la trascendencia divina y de la humana personalidad, que ante sus ojos iba desplegándose cada vez más como un milagro y portento incapaz de abarcar conforme a las viejas categorías. El Dios *aicónico*, ha plantado su *icono* en medio de este mundo, el ser humano –hombre y mujer-, *imagen* y *semejanza* del mismísimo Dios. Las consecuencias religiosas y teológicas poco a poco irán dando fruto en orden a la dignidad humana y la relación con Dios, cuyos lazos ni la misma muerte puede romper.

En el desarrollo de su pensamiento el pueblo hebreo fue pasando por diversas etapas, en la más primitiva sus esperanzas de comunión con Dios no iban más allá del horizonte de esta vida. La vida no terminaba con la muerte, pero lo que quedaba no era sino un resto de la misma, una sombra, un especie de fantasma que llevaba una vida lúgubre en el submundo del *Seol*, sin pena ni gloria. En este punto, se asemejaba mucho al concepto griego del *Hades*. Pasaron siglos de reflexión y perplejidad ante el misterio del sufrimiento del justo hasta que al final alumbró la bienaventurada esperanza de una vida con Dios más allá de la tumba.

En esta pequeña gran obra, su autor, Alfonso Pérez Ranchal, nos introduce en la *lucha con el misterio del más allá* que los autores bíblicos mantuvieron de modo diverso en los distintos estadios de la revelación, hasta llegar finalmente a la revelación última del Señor Jesucristo, "el cual abolió la muerte y sacó a luz la vida y la inmortalidad por medio del evangelio" (2 Tm 1, 10). Una lectura esclarecedora e instructiva que despejará las dudas de muchos que creen advertir una contradicción entre la esperanza del Antiguo y el Nuevo Testamento, al mismo tiempo que se le recuerda que la *meditatatio mortis* o meditación de la muerte es uno grandes ejercicios de la filosofía y la verdadera religión.

Platón fue el primero en configurar la filosofía como una reflexión sobre el sentido de la vida en función de su final que es la muerte. Muerte que, por fe, sabemos que no tiene la última palabra, pues "cuando esto corruptible se haya vestido de incorrupción, y esto mortal se haya vestido de inmortalidad, entonces se cumplirá la palabra que está escrita: *Sorbida es la muerte con victoria*" (1 Co 15, 54). De esta manera, concordamos con Spinoza cuando decía que *el hombre libre en nada piensa menos que en la muerte* y que su meditación no es una meditación sobre ella, sino sobre la vida. Ciertamente. El ser humano libre en Cristo puede decir retador: "¿Dónde está, oh muerte, tu aguijón? ¿Dónde, oh sepulcro, tu victoria?" (1 Co 15, 55), sabiendo que se "nos da la victoria por medio de nuestro Señor Jesucristo" (v. 57). El cristiano medita en la muerte para no olvidar que su esperanza de vida descansa sobre una *entrega-hasta-la-muerte* como el mundo nunca pudo concebir. Libre del temor a la misma, él mismo se entrega a la vida, pese a toda adversidad y contradicción, porque más fuerte es la vida sustentada en la fe, el amor y la esperanza que la misma vida abandonada a su propia suerte y decaimiento inexorable.

Es digno de notar que el Renacimiento comenzó con la Peste negra de 1348, nuevo covid-19 actual, y así aprendieron a discernir lo real de lo aparente, lo duradero de lo efímero, lo importante de lo vano. *La apariencia del mundo pasa* (1 Co 7, 31), pero el que hace la voluntad de Dios permanece para siempre (1 Jn 2,17).

Alfonso Ropero
Historiador y teólogo, doctor en Filosofía
(Sant Alcuin University College, Oxford Term,
Inglaterra) y máster en Teología por el CEIBI.

PREFACIO

La muerte acecha día tras día. Su realidad no puede ser negada ni su presencia ocultada y es por ello por lo que el ser humano ha intentado darle algún tipo de respuesta, alguna forma de explicación. A pesar de la larga historia de la humanidad, de las diferentes culturas y pueblos, esta respuesta no ha sido tan diversa, tan distinta, hasta tiempos recientes con la generalización del ateísmo en la sociedad occidental.

Desde que tenemos noticia, el ser humano ha pensado que con la llegada de la muerte no finalizaba todo. Por supuesto, era un misterio, como lo es para nosotros al presente, pero creía que habría un «viaje» al otro lado, no solía tener dudas al respecto. Para que este tránsito se realizara con éxito los que quedaban debían llevar a cabo toda una serie de ritos, de cultos y de cuidados al difunto.[1]

De todo este proceder se desprendía el convencimiento de que la pérdida de la vida era un sinsentido, un golpe que rompía los sueños, los propósitos, las expectativas de la persona. Era el límite por antonomasia que marcaba el antes y el después de la existencia terrena, por lo que provocaba temor y esperanza, miedo y expectación. Nuestra historia no se entiende sin esta relación con la muerte, tanto es así que

---

[1] Ver ROPERO, Alfonso. "La inmortalidad del alma, ¿doctrina bíblica o filosofía griega?". *Alétheia*, nº 8, 1995, p. 41.

«Algún filósofo ha definido al hombre como el animal que conserva sus muertos».[2]

En el pasado se acudió sobre todo a la religión, a la filosofía y desde el siglo XIX el enigma de la muerte se abordó desde la filosofía de corte atea que, fue tomada posteriormente por un determinado enfoque en psicología y por un sistema político y social.[3]

Con la *Modernidad* todo ello se envolvió en un manto de cientificismo que hizo que cualquier cuestión relacionada con las preguntas esenciales de la existencia fuera considerada innecesaria. La ciencia parecía que había relegado a Dios al pasado, a otra época, e incluso se miraba de reojo y con desdén a la metafísica filosófica. Pero las grandes tragedias de la primera parte del siglo XX dieron al traste con todo este optimismo. Las dos guerras mundiales y la pérdida de la inocencia nuclear con las bombas atómicas lanzadas sobre Hiroshima y Nagasaki pusieron de manifiesto que nuestro mundo tenía el tiempo contado, que no era «eterno» en su discurrir y que la mayor amenaza que tenía el ser humano era la que provenía del propio ser humano.

El *Modernismo* fracasó y lo que queda desde entonces son un cúmulo de fragmentos que se unen aquí y allí con todo tipo de ideas y creencias.

Al presente, y desde hace algún tiempo, la sociedad occidental ha decidido ignorar, en lo posible y por el temor que produce, la realidad de la muerte, o bien considerarla como si se tratara de una especie de juego morboso. Es esta la actitud de la *Posmodernidad* y así se intenta por todos los medios que la enfermedad la vejez y la muerte queden fuera del centro de atención o, en claro contraste, abordar esta última como un tipo de espectáculo tal y ocurre con las películas de acción o de terror y con los videojuegos del mismo género. Esto a todas luces produce una cauterización de la conciencia, lo que trae como

---

[2]   Ignacio Rodríguez en PIÑERO, Antonio y GÓMEZ SEGURA, Eugenio. *El juicio final. En el cristianismo y las religiones de su entorno*. Madrid, Editorial Edaf, 2010, p. 67.

[3]   Tal fue la obra de Ludwig Feuerbach *La esencia del cristianismo* del año 1841 en donde explicaba la idea de Dios como una proyección del propio hombre. Así, sostenía que se trataba del deseo, de la necesidad, del sentido de trascendencia lo que había llevado al ser humano a inventar a Dios. Por tanto, Dios no habría creado a las personas a su imagen y semejanza sino a la inversa. Este punto de partida fue después tomado por Sigmund Freud para explicar, desde la psicología, la religiosidad en el ser humano y así también, desde un ángulo y propósito diferente, Karl Marx (la religión como opio del pueblo).

consecuencia patrones de comportamiento psicopáticos, una ausencia muy significativa, en no pocos individuos, de empatía.

Los medios de comunicación tradicionales e Internet hacen una labor esencial en esta deriva ya que buscan sobre todo entretener y la publicidad está dirigida a crearnos necesidades que realmente no tenemos, pero que si las satisfacemos, nos prometen, seremos más jóvenes y felices. Es por ello por lo que a las personas mayores se las tienen en los asilos, a los enfermos en los hospitales hasta que fallecen. Somos parte de una sociedad frenética, repleta de actividades y compromisos. Aquellos que tienen la desgracia de no poder seguir este ritmo quedan relegados. Sus familiares deben seguir ocupados, yendo de un lugar a otro, no hay tiempo para cuidar como antaño de los seres queridos.

De esta forma, las personas son parte de una inmensa maquinaria, son consideradas de acuerdo a su capacidad de producir. Si por alguna razón ya no son estimadas como válidas, sencillamente se reemplazan por otras, tal y como se realizaría con un engranaje o pieza defectuosa. Son los medios para conseguir un fin y este fin no es otro que el beneficio económico.

Pero la vida está directamente relacionada con la muerte y la muerte con la vida. Una no puede existir sin la otra. En el mismo momento en el cual nacemos el reloj se pone en marcha y el primer día de nuestra existencia es también uno menos de los que pasaremos en esta tierra.

Esta relación de la vida y la muerte también toma su significación de lo que se piense que hay después. Una persona vive de acuerdo con una serie de creencias, basándose en ellas es que piensa y actúa.

Muchas de estas creencias suelen estar «escondidas», no están en la parte consciente de la psique, pero se tienen. Si, por ejemplo, la única existencia en la que creemos es la presente, actuaremos de una forma que se amolde y sea coherente con esta línea de pensamiento. De ahí que la muerte no tendría el menor de los sentidos, y mucho menos el preguntarse si hay algo tras ella. Como resultado, toda una cosmovisión de lo que es la vida, de la nuestra y la del resto del planeta marcará nuestro estar, nuestras actitudes y, en muchos casos, nuestros principios morales.

Es por ello por lo que tanto el *hedonismo* como el *consumismo* son dos ideologías omnipresentes. La primera tiene como fin disfrutar todo lo que se pueda sin importar, en muchas ocasiones, las consecuencias; la segunda el de poseer cada cosa que se desee o que nos hagan desear, aunque para ello se tenga que hipotecar la propia vida.[4] Si no existe nada más que este mundo material pues acaparemos y gocemos todo lo posible de él. Es la cultura del narcisismo, de lo individual, de la verdad de cada uno… lo que también significa que vivimos en una cultura de gran frustración como pone de manifiesto, por ejemplo, los elevadísimos índices de suicidio entre los jóvenes o el desbocado consumo de antidepresivos.

El reprimir todo pensamiento de la muerte y el vivir como si dispusiéramos de tiempo infinito nos vuelve superficiales e indiferentes. Puesto que en el fondo sabemos que la muerte puede llegarnos cada día, entonces vivimos con una conciencia reprimida de la muerte, y esto nos arrebata el contacto con la realidad. La idea de vivir sin la muerte y la teoría de que la muerte «no es un suceso de la vida», actúan también como incitaciones al rechazo de la vida y no son sino una idolatría de la vida. Toda persona sabe que su existencia tiene un plazo limitado. El vivir como si no existiera la muerte es una ilusión engañosa con respecto a la vida. Toda persona que vive conscientemente, sabe que la muerte no solo es un «suceso de la vida», sino que es el «suceso de la vida», y que todas sus actitudes ante la vida contienen actitudes ante la muerte de esa vida suya.[5]

Curiosamente, en una medida similar al crecimiento del escepticismo para con el cristianismo, se aceptaron como posibles todo tipo de creencias, especialmente las de procedencia oriental. Al presente parece que casi nadie cree en la resurrección de Jesús, pero muchos son los seguidores de la parapsicología, de la ufología y no son menos los que creen en algún tipo de reencarnación. Llamativa es esa frase gene-

---

[4]   Es parte de lo que Zygmunt Bauman en su libro *Vida Líquida*. Barcelona, Espasa Libros, S. L. U., 2006, denomina «vida líquida» en medio de una sociedad «moderna líquida». Este brillante sociólogo apunta que «El consumismo es, por ese motivo, una economía de engaño, exceso y desperdicio. Pero el engaño, el exceso y desperdicio no son síntomas de su mal funcionamiento, sino garantía de su salud y el único régimen bajo el que se puede asegurar la supervivencia de una sociedad de consumidores. El amontonamiento de expectativas truncadas viene acompañado paralelamente de montañas cada vez más altas de artículos arrojados a la basura, productos de ofertas anteriores con los que los consumidores habían esperado en algún momento satisfacer sus deseos (o con los que se les había prometido que podrían satisfacerlos» (p. 111).

[5]   MOLTMANN, Jürgen. *La venida de Dios. Escatología cristiana*. Salamanca, Ediciones Sígueme, 2004, pp. 80, 81.

ralizada y tan indefinida de «algo tiene que haber» cuando se pregunta por si se concibe algo más allá de nuestra realidad presente.

Ya no se puede seguir creyendo en las respuestas clásicas del cristianismo, se dice, y así se contraponen explicaciones «racionales» mientras que, a la par e incomprensiblemente, se exhibe una ausencia total de reflexión crítica para con otras alternativas, se aceptan sin más. Esto pone de manifiesto que la religiosidad en el ser humano, del tipo que sea, lejos de desaparecer se ha orientado en otras direcciones.

Para N. T. Wright se trató de un «golpe de estado intelectual»[6] llevado a cabo por la *Ilustración* por medio del cual pasó como un descubrimiento propio y novedoso la afirmación de que los muertos no resucitaban, lo cual era algo que ya había sido asegurado por Homero y Esquilo. Ahora se podía afirmar sin ningún rigor que ya sabíamos que estas creencias pertenecían a mentes poco desarrolladas, infantiles o premodernas.

Pero la existencia tiende a ser asfixiante en muchos momentos, sobre todo cuando la edad avanza y los golpes se acumulan. «La muerte -dice Karl Rahner– es lo más trágico de la vida humana. No en balde designa la Escritura la situación del hombre diciendo que está sentado en las tinieblas y sombra de la muerte (Lc 1, 79)».[7]

Como consecuencia, la frustración y el aparente sin sentido se abre paso, y así se consideran y aceptan estas otras alternativas mencionadas anteriormente y que además tienden a ser más amables. No demandan casi nada y ofrecen mucho, algo muy alejado del mensaje evangélico que enfrenta a la persona, que la sitúa en el centro para que de esa forma se mire en el espejo de la perfección moral de Jesús. El resultado siempre es deficitario y así se produce una situación enormemente incómoda para ella, de crisis, ya que en ese mismo momento también aparece una exigencia para que dé un giro radical a su vida. Ahora debe tomar una decisión.

A finales de la década de los 70 del siglo pasado el interés por la muerte y la otra vida tuvo un resurgir en la literatura destacando los

---

6   WRIGHT, Nicholas T. *Sorprendidos por la esperanza. Repensando el cielo, la resurrección y la vida eterna*. Miami, Convivium Press, 2011, pp. 118,119.

7   RAHNER, Karl. *Sentido teológico de la muerte*. Barcelona, Editorial Herder, 1965, p. 10.

23

trabajos pioneros de E. Klubler Ross.[8] Este interés se extendió durante la década siguiente.

Desde hace algunos años es la neurociencia la que ha tomado el relevo en el intento de explicar la religiosidad en el ser humano. Lo que sigue siendo incuestionable es que podemos mandar una sonda a Marte, pero la persona sigue siendo finita, mortal y frágil y no pocas se preguntan por qué existen, si hay algo más.

Y es que la fe en el «progreso» ha dejado un reguero incalculable de cadáveres a su paso, y entiéndase esto tanto metafórica como literalmente. Se decidió mandar a Dios a las alturas y a la par ofrecer la propia vida a otro tipo de deidad, al «dios progreso». Se creyó con los ojos cerrados en la ciencia, la tecnología y en algunas ideas políticas totalitarias, y esto dejó como consecuencia una humanidad sin futuro, ni inmediato ni eterno.

No era competencia de la ciencia ni de la tecnología la pregunta por el sentido de la vida, y es por lo que fracasó cada vez que se quiso, y se quiere, abordar desde aquí. El corazón de la metafísica sigue palpitando y la teología reclama el espacio del que jamás debió ser expulsada. Ya es hora que hagamos regresar a Dios desde su forzoso exilio celeste y lo coloquemos en medio de nosotros.

La cuestión de qué entendemos por el «más allá» se trata, por tanto, de una respuesta por el «más acá». Se quiera o no, la vida, la muerte y el más allá es un todo inseparable. «Esforzándonos, como Jesús y con Jesús, en vivir la vida en armonía con la voluntad del Padre, construiremos aquí el más allá. Paradójicamente, el más allá exige que tomemos en serio la vida presente, el "más acá"».[9]

La Biblia contiene una explicación clara en relación al sentido de la vida, en cómo enfrentar la muerte y qué hay tras la misma. Las Escrituras son un libro religioso que no se toma a la ligera esta cuestión. En absoluto considera que debamos ser indiferentes ante la muerte,

---

[8] Para una consideración de las llamadas «Experiencias cercanas a la muerte» (ECM) se puede consultar *Vida después de la muerte* de Samuel Vila, Terrassa, Barcelona, CLIE, 1990, pp. 184-248, 286-303, en donde el autor tiene una opinión positiva sobre las mismas y les confiere total credibilidad; y *¿Vida Eterna?* de Hans Küng, Madrid, Ediciones Cristiandad, 1983, pp. 27-49, para una consideración crítica de las mismas.

[9] Marc Sevin en GOURGUES, Michel. *El más allá en el Nuevo Testamento*. Estella, Editorial Verbo divino, 1987, p. 4.

tampoco que tenga que ser escondida como algo temible y sin remedio o tratada desde una enfermiza superficialidad.

El libro sagrado de los cristianos recoge la experiencia de un pueblo que se sabía escogido por Dios, pero que no logró ver cierta claridad sobre este tema hasta que no transcurrió un lapso de tiempo considerable. Su idea definitiva de qué era exactamente la muerte, dónde iba la persona que fallecía y cómo considerar la posterior existencia fue el resultado de un proceso lento y dilatado. En este discurrir hubo épocas yendo casi a oscuras, a tientas, en donde diferentes protagonistas iban adelante mostrando una enorme fe. Algunos pensaban que si Dios era eterno, y por tanto no podía conocer la muerte, algo parecido le debía ocurrir a los justos. En medio de esta niebla la revelación se iba dando, poco a poco, de forma progresiva.

Debemos esperar hasta el llamado período del exilio para contar con algún dato o idea significativa, pero sería sobre todo en el tiempo intertestamentario en donde se daría su gran desarrollo. Sin duda, con Jesús de Nazaret se presentará la respuesta definitiva al gran enigma de la humanidad, él decía ser la Resurrección y la Vida.

INTRODUCCIÓN

La mayoría de los creyentes piensan en términos del Nuevo Testamento. Como consecuencia se llevan estas ideas y las colocan en contextos diferentes y a veces equivocados. Pero todavía es más preocupante, si cabe, el que en su entendimiento de la vida más allá de la presente incluso se distancien del mensaje original cristiano. Este mensaje original fue tempranamente afectado y modificado por una filosofía que estaba muy presente en el orbe romano, el neoplatonismo, influencia que marcó para siempre al cristianismo de tal forma que la misma llega hasta nuestros días. Desde aquí es que se interpretan no pocos textos veterotestamentarios. Pero procediendo así no se llega a comprender el significado de los mismos, que podría venir determinado por la idea de la muerte y del más allá que tenía el pueblo hebreo en un momento determinado de su historia.

Esta concepción marcaba su día a día, su manera de entender el sentido de la vida aquí en la tierra. Por ejemplo, fue habitual durante mucho tiempo atribuirle a Dios todo lo que ocurría, lo bueno y lo malo. Debido a que la idea de retribución en el más allá, tanto para los justos como para los pecadores, no existía, se pensaba que Yavé debía premiar y castigar en la presente. Por ello, el tener una vida llena de años, ser próspero materialmente y poseer abundante descendencia era señal de bendición divina.[10]

Pero la realidad chocaba con esta concepción ya que el justo sufría y pasaba por todo tipo de penalidades y, en ocasiones, mucho más que el impío que además podía prosperar e incluso vivir con tranquilidad. Esto creaba un gran dilema a todos los niveles. En los libros de Job y de Eclesiastés este conflicto es clave.[11] Por tanto, es absolutamente necesario conocer el progreso de las ideas sobre la otra vida para que sirvan de clave para discernir muchos textos del Antiguo Testamento y, cómo no, del Nuevo. Es esto lo que tiene por meta el presente libro. Es más, me atrevo a decir que estamos ante *una clave interpretativa que sirve de llave para la comprensión de las Escrituras*.

Si recorremos la Biblia buscando cambios y avances en la concepción israelita de la vida tras esta vida (que es exactamente la metodología que nos proponemos llevar a cabo) será lo mismo que descubrir cómo Dios se iba revelando al ser humano, qué le demandaba y qué podía esperar tanto en esta vida como en la futura.

Dicho lo cual, este libro no irá recorriendo las Escrituras analizando cada pasaje en el cual se hable de nuestro tema, sino que colocará los peldaños de la escalera que van marcando este discurrir. Esto significa que hubo épocas en donde se creyó lo mismo, apenas sin variación y así, por ejemplo, se pensaba que todo ser humano acababa en el *Seol* en donde llevaba una existencia gris, mortecina, apagada y deprimente. No existían diferencias en el destino del justo y del impío. Este sería un peldaño inicial y así el siguiente lo supondría una variación en esta concepción, que a su vez se traducía en un cambio tanto en cómo se pensaba que era el lugar de destino como en la forma de existencia en el mismo. Y esto también hacía una distinción, traía una nueva luz en la comprensión de Dios y del propio ser humano. Como consecuencia, si este avance no se tiene presente, la interpretación bíblica de ese pasaje no se realiza correctamente.

---

[10] Desde aquí también se entiende que la mujer estéril era considerada como que había sido castigada por Dios, se trataba de una especie de maldición. La descendencia era la única forma de preservar la identidad familiar, la memoria del clan.

[11] Si nos centramos en este último, su enorme pesimismo y aparente nihilismo se entiende por la creencia de que el justo, cuando falleciera, iría también al *Seol*, lugar de penumbras y de sombras. Por eso el llamado a disfrutar en lo posible del día a día, de todo lo que Dios nos da aquí abajo.

Finalmente, llegaremos a las ideas de cielo e infierno que tan claramente aparecen en el Nuevo Testamento, pero que no es posible comprenderlas si no nos hemos introducido anteriormente en el llamado período intertestamentario. Aquí buscaremos información en determinados libros de la época y en un tipo de literatura que especialmente floreció como fue la apocalíptica.

De esta forma, acompañaremos al pueblo elegido a través de las Sagradas Escrituras en su orden canónico, viendo cómo el concepto de una existencia más allá de la presente se va presentando y concretando. El hecho de una revelación progresiva conlleva que el saltar de un lugar a otro de las Escrituras sin tener esto presente sea equivalente a caer en anacronismos interpretativos.

Llegados a este punto hay algo de enorme relevancia que necesita ser resaltado. El cristianismo no se entiende sin la resurrección de Jesús. Si todo acabó en la tumba el Galileo hubiera sido un supuesto mesías más habiendo fracasado de la misma forma a como otros ya lo habían hecho. Lo que sacó a los discípulos de su temor, de sus escondites tras la crucifixión de su Maestro, fueron las noticias que trajeron las mujeres que regresaban del sepulcro. Según ellas, estaba vacío y habían visto a Jesús. Después vendrían las apariciones del resucitado y el resto, como se suele decir, es historia.

La resurrección corporal de Jesús era algo totalmente inaudito en el judaísmo coetáneo[12] y en el mundo pagano que lo rodeaba era considerado como un imposible, para este sencillamente las personas no vuelven o pasan a otra vida de forma corporal. Tampoco era deseable, y aún menos con un físico renovado.

La revelación traída por Jesús en esta cuestión es vital para abarcar no ya únicamente ciertos textos, sino la misma existencia del cristianismo.

Una última observación: este libro no tocará la llamada *escatología* entendida esta como una rama de la teología que trata sobre los eventos finales, de las últimas cosas. No estamos interesados en exponer, por ejemplo, qué es el *Milenio*, sino en entender el proceso y el progre-

---

12   Se pensaba que la resurrección sería al final de los tiempos y, además, que se llevaría a cabo de forma colectiva.

so del concepto de la muerte y el más allá en las Escrituras y cómo ello es esencial para la comprensión de la Biblia.[13]

---

[13] Dicho lo cual estamos de acuerdo con MOLTMANN. *La venida de Dios*, p. 14, cuando dice que «la *escatología cristiana* no tiene nada que ver con tales soluciones finales apocalípticas, porque su tema no es en absoluto el final, sino -muy lejos de eso- la nueva creación de todas las cosas. La escatología cristiana es la esperanza que recuerda la resurrección de Cristo crucificado, y por eso habla del nuevo comienzo en medio del final de la muerte». Y en una línea parecida ver WRIGHT. *Sorprendidos por la esperanza*, pp. 175, 176.

PARTE I

LA VIDA, LA MUERTE Y EL MÁS ALLÁ EN EL ANTIGUO TESTAMENTO[14]

El pensamiento sobre la muerte y el más allá en el pueblo hebreo no se fue dando en el vacío. Como todo grupo humano, respondió a una cultura que lo expresó con los medios de los que disponía en cada momento. Por ello, se puede decir que la Biblia es el registro en palabras humanas de las palabras divinas. Pensar que el autor bíblico estaba libre de subjetividades, de condicionantes propios y sociales o de límites científicos es lo mismo que creer que vivía en una especie de burbuja de la que salía para tratar con el resto de falibles humanos y a la que volvía cuando se trataba de asuntos divinos.

Las Escrituras tienen una evidente doble naturaleza: la divina y la humana. No se trata, por tanto, de exactitud documental, sino de contenido. Las verdades eternas fueron dadas en estructuras culturales. Una vez estas estructuras cambiaban o eran reemplazadas por otras es por lo que la revelación divina podía ser aplicada a las nuevas circunstancias, a las situaciones siempre cambiantes del ser humano. Variaba

---

[14] Este libro está distribuido en dos divisiones principales como son «La vida, la muerte y el más allá en el Antiguo Testamento» y «La vida, la muerte y el más allá en el Nuevo Testamento». Estas designaciones de Antiguo y Nuevo Testamento no se usan aquí como sinónimas de canon, aunque en buena medida coinciden. La diferencia esencial está en que hemos incluido en la primera de estas divisiones al período que se suele denominar intertestamentario.

lo externo que vehiculaba lo interno e inmutable, la verdad revelada. Teniendo esto presente es que se puede abordar la historia del pueblo hebreo, entender su desarrollo, sus progresos y sus retrocesos.

Israel pensaba que había sido especialmente escogido por Dios. Esta elección no obedecía a nada que ellos pudieran poseer u otorgar a cambio, sino exclusivamente al amor divino. Como parte de esta elección ocuparía un lugar central la revelación que Dios iba a realizar de sí mismo y que ellos debían guardar, obedecer y dar a conocer a través de las generaciones. No se trataba del tipo usual de divinidad pagana descrita por medio de mitos, identificaba con los elementos naturales o tan tremendamente inmoral como sus adoradores. Por el contrario, Yavé había irrumpido en la historia de la humanidad, se presentaba como el Creador y Señor de todo lo natural y además poseyendo un mensaje destinado al ser humano.[15]

Según las Escrituras, las personas fueron creadas a imagen y semejanza del Todopoderoso. Era un Dios que se interesaba por ellas, que deseaba darse a conocer y que por tanto podía ser comprendido por sus criaturas. Si el ser humano se preguntaba por el sentido de la existencia, Él se manifestó como el único poseedor de la verdadera vida.

Esta vida era la que animaba a las personas en el origen de su historia, pero había sido perdida. Debido a la caída en el Edén, la muerte había irrumpido de manera trágica, sus consecuencias nefastas se multiplicarían sin medida.

Es en medio de este desorden moral y natural en donde se dará a conocer Yavé, el Dios viviente, ya que nadie que estuviera fuera de Él se podía considerar como realmente vivo. De esta forma, llamó al cabeza de un clan (Abrahán), del que saldría un pueblo (Israel) al que con el tiempo deberá rescatar de la esclavitud de Egipto. La experiencia del Éxodo será central en la historia israelita y su liberación una imagen continua de lo que significaba la vida y la muerte, de lo que era estar al lado de Yavé o alejado de Él.

---

[15] «Los hebreos fueron los primeros en descubrir el significado de la historia como epifanía de Dios, y esta concepción fue recogida y ampliada por el cristianismo» (M. Eliade citado en MARCHADOUR, Alain. *Muerte y vida en la Biblia*. Estella, Editorial Verbo Divino, 1987, p. 5).

La historia de Israel será a partir de entonces una historia jalonada por sucesivas revelaciones divinas. Una historia de salvación, de relación.[16]

Este devenir será pensado, meditado por mentes brillantes, por reyes, por poetas, por cronistas, por profetas, que comprenderán a esa luz sus existencias y la del pueblo al que pertenecen. Una luz que irá profundizando, alumbrando con más fuerza y finalmente dando a conocer con total claridad aquello que Dios se había propuesto desde el principio. Una historia de un pueblo que nace con la conciencia de ser especial y que debe reflexionar continuamente sobre qué es lo que Dios le demandaba, qué quería de ellos. La grandeza de todo es que el Dios israelita lo que siempre pretendió fue rescatarlos, sacarlos de su oscuridad y darles esperanza, y desde allí extenderla al resto de la humanidad.

Lo que llama enormemente la atención es que las ideas de resurrección y de una existencia plena tras el fallecimiento tardaran tanto tiempo en desarrollarse. Así, habrá que esperar hasta el llamado período intertestamentario para encontrarnos con ellas. Sin duda, Israel no fue una nación que siguiera al Dios bíblico por miedo a la muerte, por sentirse cercado por las limitaciones existenciales o por las angustias de las últimas cuestiones. Aunque todo acabara en la fosa o en una existencia gris y fantasmal, aun así, el israelita piadoso estaba dispuesto a seguir a Yavé.

---

[16] Podría parecer que esta concepción es demasiado ingenua ya que el estudio de las religiones comparadas habría demostrado sobradamente una común evolución religiosa en el ser humano. De esta forma, habría que hablar de un primer estadio que sería el preanimismo-animismo (o totetismo); de un segundo politeísta para desembocar en un tercero monoteísta. Pero toda esta religiosidad habría sido superada con la aparición de la ciencia, modelo del mejor y más alto pensamiento. «Pero hoy sí se niega, -dice Hans Küng- y con razones muy serias, un evolucionismo esquemático en la historia de las religiones. Pues se ha constatado empíricamente que las religiones han evolucionado de múltiples formas, completamente asistemáticas» (¿*Vida eterna?*, p. 88).

Dicho lo cual, por supuesto que diferentes estadios están presentes en muchas religiones, sigue diciendo Küng, pero en otros tantos pueblos primitivos, especialmente en las culturas más arcaicas, este supuesto primer estadio animista o preanimista no aparece y sí lo hace posteriormente. Lo que se ha descubierto es que en otras los datos que tenemos hablan de una primera fase que podríamos catalogar de «proto-monoteísmo», esto es la creencia en un Padre universal, Padre de la tribu o del cielo. Tanto es así que no se conoce hasta el momento ni una sola religión que haya pasado por todas estas etapas que se suponen que se dieron (Ver *ibíd.*, pp. 89, 90).

CAPÍTULO 1

La concepción hebrea del universo y del ser humano

1.1. El universo hebreo

El universo semítico podemos considerarlo como compuesto por tres planos, niveles o pisos. El *Seol* es el lugar subterráneo, al que le sigue nuestra *Tierra*, sobre la cual está el *Cielo* en forma de cúpula (nuestro cielo atmosférico) y al que le sigue otro tipo de cielo que es el lugar donde habita Dios (ver Éxodo 20, 4).

El *Seol* es el inframundo que se encuentra bajo nuestros pies. Allí iba todo ser humano una vez fallecía, creencia que apenas variará hasta el tiempo que media entre los dos Testamentos. En este lugar había un enorme océano en donde se apoyaban los pilares sobre los que descansaba la tierra.

Así pues, se trata de una inmensa cavidad que, según los textos, toma la forma de un pozo, de una cisterna, de una sima, de una fosa: «Mi mal se ha tornado en bien, y has preservado mi alma del hoyo de la corrupción… Porque no puede alabarte el sepulcro, no puede celebrarte la muerte ni puede los que descienden a la fosa esperar en su fidelidad» dice Isaías (38, 17-18); «¡Oh Yavé, has sacado mi alma del sepulcro, me has llamado a la vida de entre los que bajan a la fosa!» (Salmos 30, 4); «Traguémoslos vivos, como el seol; enteros como los que bajan a la fosa» dicen los malvados en los Proverbios (1, 12). Esta cavidad subterránea gigantesca, lo mismo que entre los babilonios, está cerrada mediante una sólida puerta; es una prisión de donde no se puede salir: «Como se deshace una nube y se va, así el que baja al sepulcro no sube más, no vuelve más a su casa, no lo reconoce ya su morada» (Job 7, 9-10). Uno queda cogido en él como en una red o en una trampa: «Ya me aprisionaban las ataduras del seol, ya me habían cogido los lazos de la muerte» (Salmos 18, 6).

La más completa oscuridad, el silencio absoluto, el barro, el polvo, los gusanos y la carcoma son los inquilinos habituales de esta morada.[17]

Este mundo inferior (de donde procede nuestra palabra «infierno»[18]) es presentado por medio de imágenes, pero los textos escasamente lo describen. En este lugar los ya fallecidos llevan una existencia en medio de las tinieblas, llena de confusión, gris y apagada. Nadie escapaba de este destino, era la tierra del olvido (Salmo 88, 13). De hecho, lo que aquí se experimentaba no se consideraba ni siquiera vida ya que la consciencia se presentaba como una especie de sueño, se trataba incluso de la casi destrucción de la persona. Los que allí iban a parar realmente eran dignos de lástima.

Este lugar también era conocido en Mesopotamia,[19] y se denominaba *Arallu* entre los asirios y los babilonios y los griegos lo designaban como *Hades.*[20]

El patriarca Jacob dirá que estaba próximo a reunirse con sus padres (Génesis 49, 29), equivalente a descender al *Seol,* que es lo que precisamente manifestó un tiempo antes al ser engañado por sus hijos en lo referente a la supuesta muerte de José (Génesis 37, 35). Es al mismo lugar donde bajan como castigo unos rebeldes (Números 16,

---

[17] MINOIS, Georges. *Historia de los infiernos.* Barcelona, Ediciones Paidós Ibérica, 2005, p. 28.
[18] La Vulgata traduce el término *Seol* por *infernus* o región inferior de la tierra.
[19] Así aparece, por ejemplo, en el *Poema de Gilgamesh.*
[20] De hecho la versión griega o *Septuaginta* normalmente traduce *Hades* allí en donde aparece *Seol.*

30) y desde donde subirá el fallecido Samuel cuando el rey Saúl consultó a la nigromante de Endor:

> Y el rey le dijo: No temas; pero, ¿qué ves? Y la mujer respondió a Saúl: Veo a un ser divino subiendo de la tierra.

> Y él le dijo: ¿Qué forma tiene? Y ella dijo: Un anciano sube, y está envuelto en un manto. Y Saúl conoció que era Samuel, e inclinando su rostro a tierra, se postró ante él.

> Entonces Samuel dijo a Saúl: ¿Por qué me has perturbado haciéndome subir? Y Saúl respondió: Estoy en gran angustia, pues los filisteos hacen guerra contra mí; Dios se ha apartado de mí y ya no me responde ni por los profetas ni por sueños; por esto te he llamado, para que me reveles lo que debo hacer (1 Samuel 28, 13-15, LBLA).

Al tratarse de la parte subterránea se pensaba que allí la luz del sol no podía penetrar y así también los fallecidos eran considerados como sombras reinando en todo momento la confusión (Job 10, 21-22). Aquí no era posible alabar, se bajaba al silencio (Salmo 88, 10-12).

Nadie escapaba de este lugar sin retorno, ya fuera un esclavo o un rey (Isaías 14, 12 ss.). «Todo lo que tu mano halle para hacer, hazlo según tus fuerzas; porque no hay actividad ni propósito ni conocimiento ni sabiduría en el Seol adonde vas» (Eclesiastés 9, 10, LBLA).

Pero esta concepción provocaba un problema teológico desde sus mismos inicios ya que si quedaban alejados de Dios, si aquí no era posible su actuación, parecía que este lugar escapaba al poder divino. Era como limitar a Dios mismo, lo cual era inaceptable.[21] De ahí que se hicieran declaraciones que superaban esta limitación afirmando que al *Seol* también llegaba la mano de Yavé, no se trataba de un lugar al que no alcanzara su soberanía (Salmo 139, 8).

Esta visión de lo que vendría tras el fallecimiento permanecerá inalterada (con excepciones que veremos más adelante) durante toda la época de los patriarcas, los jueces y los reyes de Israel, aunque en el tiempo de los profetas escritores aparecerá una distinción o condición

---

[21] Ver WOLFF, Hans Walter. *Antropología del Antiguo Testamento*. Salamanca, Sígueme, 2001, p. 147.

diferenciada para los muy malvados, tal y como observamos en Isaías y Ezequiel.[22]

El siguiente nivel era la *tierra*, donde pisamos. La misma era concebida como un disco plano y sostenida, como ya hemos apuntado más arriba, por una serie de pilares que atravesaban el inframundo.

«Él es el que está sentado sobre la redondez de la tierra, cuyos habitantes son como langostas; Él es el que extiende los cielos como una cortina y los despliega como una tienda para morar» (Isaías 40, 22, LBLA).

Este era el lugar dado a los hombres para que vivieran. Había sido creada especialmente para que ellos la habitasen, se desarrollaran y la utilizaran de forma responsable.

Fue Dios quien la formó usando su poder, noción que está muy lejana de concepciones mitológicas como la babilónica en donde la tierra había sido creada utilizando una parte del cuerpo inerte de la diosa Tiamat.

El nivel superior era el *Cielo*. El hebreo pensaba que era algo consistente, que tenía forma de cúpula rodeando la tierra (o de enorme cubierta circular) y que se sostenía sobre pilares o columnas (Job 26, 11) que parece ser una referencia a las inmensas montañas.

La palabra hebrea para firmamento (Génesis 1, 8) aludía a algo sólido, como si se tratara de una lámina de metal. Pero también imaginaban este cielo como una tienda desplegada y sobre la cual había un impresionante depósito de agua. Cuando se abrían sus compuertas o ventanas la lluvia caída sobre la tierra (así es como se describe el inicio del diluvio en Génesis 7, 11).

«Alabadle, cielos de los cielos, y las aguas que están sobre los cielos» (Salmo 148, 4, LBLA).

A este cielo consistente estaban sujetas las estrellas, además del Sol y la Luna, cuerpos celestes que hacían un recorrido fijado y es por lo que Josué pudo decirle al Sol y a la Luna que se detuvieran (Josué 10, 12). De análoga forma, y como parte del castigo divino, se indica la

---

[22] En el capítulo 14 del libro de Isaías tenemos la descripción de la caída del rey de Babilonia, su bajaba al *Seol* y cómo sería allí su permanencia sufriendo un castigo especial. Ezequiel (32, 17-32) por su parte habla de los impíos, representados por Egipto y por las naciones poderosas, y cómo descienden a la fosa, a las partes más profundas de la tierra, indicando con ello el diferente trato que recibirían. Aquí constatamos un avance en las ideas de ultratumba, al menos en la aparición de una retribución acorde a las malas acciones de las personas.

caída o perturbación de las estrellas y de estas dos luminarias (Isaías 13, 10; Apocalipsis 6, 12-14).

Por encima se encontraba *el Cielo como morada de Dios*.[23] Si la tierra pertenecía a los hombres para su habitación eran los cielos el lugar propio de Yavé. Al concebirse como algo físico y ubicado en el espacio se pensaba que desde allí Dios podía bajar para darse a conocer y a donde el ser humano no podía acceder, aunque lo intentara construyendo una torre tan alta como la de Babel (Génesis 11). Aquí Dios tiene su trono, su palacio, y está rodeado de una corte.

> Y he descendido para librarlos de la mano de los egipcios, y para sacarlos de aquella tierra a una tierra buena y espaciosa, a una tierra que mana leche y miel, al lugar de los cananeos, de los heteos, de los amorreos, de los ferezeos, de los heveos y de los jebuseos (Éxodo 3, 8, LBLA).

1.2. La antropología hebrea

El pensamiento hebreo consideraba que el ser humano estaba compuesto por dos partes diferenciadas, la material y la no material o espiritual, aunque estrechamente unidas de tal forma que no se podía tener una verdadera existencia si faltaba una de ellas. Concebir al ser humano como tricotomía (alma, espíritu y cuerpo) desde el punto de vista bíblico es un error ya que sencillamente esto no aparece en ningún lugar de las Escrituras. Posee una doble naturaleza y es lo que vez tras vez expresan los autores bíblicos; ellos eran dicotomistas.[24]

---

[23] Con el tiempo el Cielo fue dividido aún más. «El cielo puede, a su vez, constar de distintas esferas, normalmente siete que forman un casquete -imagínese la mitad de una naranja vacía dividida imaginariamente en secciones- que se acopla sobre la tierra, y en cuya cúspide -el séptimo estrato o casquete- está la divinidad» (PIÑERO y GÓMEZ. *El juicio final*, p. 283).

Alfonso Ropero por su parte habla de tres clases de cielos tal y como hacían los rabinos: supremo, medio y bajo. El primer tipo de cielo equivaldría al atmosférico, el segundo al que está por encima de la atmósfera y es en donde están las estrellas y los planetas, y el tercero sería la morada de Dios [ver entrada "Cielo" en ROPERO, Alfonso. (Editor general). *Gran Diccionario Enciclopédico de la Biblia*. Terrassa, Barcelona, CLIE, 2013, pp. 447, 448].

[24] Por supuesto Pablo no está diciendo lo contrario en 1 Tesalonicenses 5, 23. W. Hendriksen dice precisamente esto cuando afirma que en «ningún lugar dice la Escritura que el hombre está compuesto de tres partes. Léase Génesis 2, 7 y se verá que en el relato de la creación del hombre queda manifiestamente afirmada su doble naturaleza. Se podría dar aquí una larga lista de pasajes en los que se ve que los autores inspirados de la Biblia eran dicotomistas» (HENDRIKSEN, William. *La Biblia sobre la vida venidera*. Michigan, T.E.L.L., 1987, p. 44).

Su naturaleza material le permitía estar aquí en la tierra, moverse en el mundo de los sentidos, en tanto que con la espiritual comunicarse con su Creador, con otros seres humanos, ser consciente de sí mismo. Ahora bien, el ser humano es una unidad indivisible, como ya hemos apuntado, lo que conlleva que en cualquier pensamiento o acción que realice está implicado el todo.

En las Escrituras se dice que es *carne* (hebreo, *basar*) y *alma* (hebreo, *nephesh*). Lo primero alude a su lado terrenal, humano, finito y frágil. Lo segundo remite a cuando Dios le insufló su aliento para que fuera un ser viviente (Génesis 2, 7). Por tanto, también incluye la idea de ser pensante y espiritual.

Muy similar a *nephesh* es *ruaj*, traducido por *espíritu*, ya que también apunta al principio vital.

En los textos bíblicos el ser humano puede ser nombrado como tal usando tan solo uno de los anteriores vocablos, dependiendo del contexto y de qué se desea resaltar (Salmo 63, 1). Esta idea dicotomista no será abandonada a través de todo el pensamiento hebreo bíblico. Con sensibilidad Leonardo Boff expresa esta realidad al decir que «El hombre es algo más que *Bios* porque es algo más que animal. Es algo más que tiempo porque suspira por la eternidad del amor y de la vida».[25]

Esta concepción está muy lejos de la idea griega de alma en contraposición al cuerpo, visión dualista ajena a la hebrea. Si para la antropología griega el alma podía existir sin el cuerpo, al cual consideraba su cárcel, para la hebrea esto era un sin sentido. Para esta última el ser humano era un cuerpo animado y no la encarnación y encarcelación de un alma preexistente.[26] Es el *ruaj* divino el que hace posible que la

---

[25] BOFF, Leonardo. *Hablemos de la otra vida*. Santander, Sal Terrae, 1978, pp. 36, 37.

[26] Alister McGrath citando a H. Wheeler Robinson dice que «La noción de un alma inmaterial era un concepto griego laico, no una bíblica. En el Antiguo Testamento, el ser humano se concibe "como un cuerpo animado y no como un alma encarnada"» (*La ciencia desde la fe*. Barcelona, Espasa Libros, S. L. U., 2016, p. 166).

Pero es más, la idea platónica que afirma que el alma es inmortal no trata del paso de las almas de esta vida a la otra, sino de una vuelta al lugar de donde proceden ya que existían antes de que el ser humano naciera. Es el retorno de lo divino que nos habita a su lugar de origen (ver MOLTMANN. *La venida de Dios*, p. 93).

Esto significa que la resurrección de los muertos es una creencia propia, diferenciada y única del pueblo judío. La misma no sostiene únicamente que habrá una vida tras la presente, sino que se experimentará en la plenitud de un cuerpo renovado en medio de un universo igualmente restaurado. Nada se perderá en el futuro de Dios, sino que habrá un nuevo comienzo de todas las cosas. El Dios bíblico no es el destructor de su propia creación, sino su sanador.

persona respire, tenga hálito y, de análoga forma, cuando muere este *ruaj* o *espíritu* es retirado por Dios. Al final todo vuelve al origen, el cuerpo a la tierra de donde fue tomado y el espíritu a Dios que lo dio (Génesis 3, 19). Es por ello por lo que a Dios se le designa a veces como Espíritu, es el Viviente, el que posee el hálito eterno y lo otorga a quien quiere.

> «Si Él determinara hacerlo así, si hiciera volver a sí mismo su espíritu y su aliento, toda carne a una perecería, y el hombre volvería al polvo» (Job 34, 14-15, LBLA).

En las Escrituras también se habla de *corazón*, que sería el órgano en donde reside la psicología de la persona, sede de las emociones y del pensamiento. Esto suele desorientar a los lectores occidentales ya que nosotros usamos normalmente el vocablo corazón para hablar de las emociones y sentimientos, sin relación necesaria con la razón (a veces incluso para contraponerla), pero no sucede así entre los semitas ya que se trata del centro de la vida psíquica, volitiva, pensante y afectiva.

Es por ello por lo que una vez que la persona fallecía la subsiguiente existencia era la negación de la verdadera vida, un estado de languidez en el *Seol*. Le faltaba una parte esencial, la material, soporte necesario para el hálito divino que le había sido retirado, lo que a la par significaba una enorme pérdida de su realidad psíquica. Si la persona fallecía, en este estado, era imposible tener comunión con Dios.

CAPÍTULO 2

¿Qué era la vida?

2.1. Abundancia de días, hijos y prosperidad

Desde lo anteriormente mencionado se comprende que la vida aquí en la tierra tuviera la máxima importancia. A lo más que podía aspirar el israelita era a poseer una vida larga, próspera y con gran descendencia (Génesis 35, 28-29). Si no había diferencia en el destino de los hombres ya que van todos al *Seol*, la distinción debía darse en esta tierra. Dios, por tanto, que es moralmente justo y bueno, deberá premiar a los justos y castigar a los malvados.

Es esta creencia la que nos encontramos vez tras vez en el Antiguo Testamento. Es uno de esos pilares sobre los que se sostenía la espiritualidad israelita, alrededor del cual se reflexionaba. Es por ello esencial entender la estrechez con la que se concebía la relación del justo con Yavé. Si todo lo que le sucedía a la persona venía como consecuencia de un pensamiento o una acción correctas o condenables, la camisa de fuerza a la que se sometía la vida era asfixiante. Por supuesto que el piadoso hebreo pensaba que Dios era misericordioso y perdonador, pero no lo era menos que también lo concebía como alguien celoso y atento a cualquier falta para corregirla de alguna forma. Y esta corrección y castigo únicamente era posible en esta vida.

Se trataba de una rígida casuística que provocaba un continuado auto-examen a la caza de cualquier falta no se fuera con ello a provocar la disciplina divina. A lo mejor incluso se podía incurrir en pecado sin saberlo.

Sus hijos solían juntarse para comer, cada día en casa de uno, e invitaban a sus tres hermanas. Terminados esos días de fiesta, Job los hacía venir para purificarlos; y de mañana ofrecía un holocausto por cada uno, por si habían pecado maldiciendo a Dios en su interior. Cada vez hacía Job lo mismo (Job 1, 4-6, BLP).

Nos podría llamar la atención que Jacob dijera ante el faraón que sus años de vida habían sido pocos cuando en esos momentos tenía ciento treinta. Pero si nos vamos a Génesis 5 allí se nos relata los años que vivieron los antediluvianos y cómo después los mismos se reducen drásticamente. Ello es consecuencia del pecado que es precisamente el mensaje teológico que se nos quiere dar entender.

Por esto también es tan sobresaliente el clan o la familia extendida. Esta era la manera en la cual el nombre se prolongaba a través del tiempo. La descendencia era la forma en la cual la memoria seguiría viva generación tras generación (Génesis 22, 17; Deuteronomio 28, 11) y la razón de que cuando una mujer no podía concebir era considerado como una maldición divina (Génesis 30, 2).

Para remediar esta situación al marido se le permitía tener más mujeres, buscando en todo momento un heredero, en tanto que si una esposa quedaba viuda se aplicaba la ley del levirato (Deuteronomio 25, 5). Las leyes de adopción iban en la misma dirección y así el ahora hijo lo era en plenitud de derechos. Tener una abundante descendencia era señal de bendición divina.

El caso del incesto de las hijas de Lot (Génesis 19, 30-38) o el episodio de Tamar reclamando su derecho a concebir (Génesis 38) son explicables desde esta perspectiva, por supuesto sin excluir determinados parámetros morales.

La promesa que Dios le hace a la estéril Sara se enmarca en el génesis del pueblo israelita (Génesis 18). Su descendencia será numerosísima, la bendición caerá con una abundancia inimaginable en este pueblo. Dice Francisco Lacueva:

La idea antigua que Israel tiene de la muerte y de lo que pueda suceder al difunto después de esta, viene ligada a su concepción de la vida terrenal como un bien en sí mismo, cuyo ideal es gozar de muchos años y de una prole numerosa. El no tener hijos o la muerte muy temprana aparecen como una desgracia y un castigo que corta los lazos de la relación con el resto de los miembros de la tribu y con Dios mismo. Una vida longeva y fructífera es la mayor aspiración del hebreo piadoso, «viejo y lleno de días» (Gn. 35:29; cf. 15:15).[27]

2.2. La tierra de la que fluye leche y miel

Junto a la idea de descendencia, de largura de días y de salud, venía otra igualmente relevante: una tierra fecunda para vivir en ella con abundancia.

A la innumerable descendencia que se le aseguró a Abrahán que tendría también iba unida la de una tierra que después se diría que de ella fluía leche y miel (Génesis 13, 14-15).

La *tierra prometida* será central en la historia posterior de Israel, de una enorme carga teológica, ya que era el territorio que Dios les había dado y, por tanto, les pertenecía por derecho divino. Para ellos era el lugar donde vivir, donde adorar al Todopoderoso, realidad material y visible de que eran un pueblo especial y querido.

Por eso es que la pérdida de la misma a manos de sucesivos imperios será tan traumática para Israel y en torno a lo que se desarrollará la esperanza mesiánica. Serán golpes que tendrán que ser explicados de alguna forma, y esas reflexiones abrirán las puertas a nuevos escenarios en los cuales el israelita deberá entender su fe.

La figura del Mesías se impondrá, será el remedio provisto por Dios mismo a pesar de su ira derramada, una esperanza que finalmente se traduciría en la liberación de los opresores, en la devolución y propiedad para siempre de su territorio, y todo ello en un idílico futuro.

Se entiende que con la idea que se tenía sobre el *Seol* el israelita colocara todas sus esperanzas en la vida presente. Era aquí en donde se

---

[27] ROPERO, Alfonso. (Editor general). *Gran Diccionario Enciclopédico de la Biblia*, p. 2117.

podía vivir en plenitud, alabar a Dios, estar con los tuyos y a lo mejor, tal vez, Yavé tenía alguna sorpresa escondida para el final... pero no podían ir más allá. Sin tener esto presente no seremos capaces de captar una inmensidad de textos bíblicos, es más, toda una mentalidad, una cosmovisión de la vida y de la fe.

Aquí estaba el meollo de la alianza con Israel tras el Éxodo y de las severas advertencias si olvidaban la misma (Deuteronomio 4, 25-26).

> «Escucha, pues, oh Israel, y cuida de hacerlo, para que te vaya bien y te multipliques en gran manera, en una tierra que mana leche y miel, tal como el SEÑOR, el Dios de tus padres, te ha prometido» (Deuteronomio 6, 3, LBLA).

El suicidio era considerado un tabú, algo prohibido para cualquier persona piadosa,[28] y la muerte prematura una maldición. La vida era un don divino, un regalo otorgado y, por tanto, le pertenecía únicamente a Dios. Él la daba, Él la quitaba (Deuteronomio 32, 39). Todo lo que ocurría aquí abajo era visto como resultado de la intervención divina.[29] La rígida casuística no dejaba nada al azar.

> «El SEÑOR da muerte y da vida; hace bajar al Seol y hace subir» (1 Samuel 2, 6, LBLA).

Con el tiempo y el desarrollo de la revelación, esta visión controladora de la deidad se atenuará y así la figura de Satanás tomará un gran protagonismo junto a la responsabilidad individual que será central para las *Buenas Nuevas* que presentará Jesús. Mientras tanto, todo era visto como efectuado directamente por las manos del Creador, desde abrir las compuertas de los cielos para que la lluvia bajara, hasta que una mujer (nunca un hombre) fuera estéril.

En Él estaba también la voluntad de sanar aunque, muchas de las enfermedades fueran causadas por una alimentación deficiente, aguas contaminadas o la falta de higiene, algo que obviamente se desconocía en esta época. No tener presente el contexto cultural, el conocimiento limitado de una era precientífica, es un coladero para falsas interpretaciones escriturales y la creación de adulteradas imágenes de Dios.

---

[28] Ver por ejemplo 1 Samuel 31, 4-5 en donde se relata la muerte del rey Saúl.

[29] A diferencia de otras divinidades de los alrededores (como Baal o Ashtarte) Yavé no era la personificación de la vida o su divinización. Por el contrario, Él era el Viviente, el creador de la misma, su Señor. La vida no era una fuerza sin control o ciega.

Dicho todo lo cual, es imprescindible traer a colación la noción de «pecado original». Si la vida era el más grande don que el ser humano podía obtener del Creador, la muerte era considerada como el castigo supremo por la rebelión de los primeros padres. En el pensamiento hebreo la misma no era un proceso normal, biológico, sino el resultado de una sentencia sobre la raza humana (Génesis 3). La muerte así no era dejar de existir, sino una separación, el rompimiento de una relación.

Según testimonio de la Escritura, el primer hombre fue creado por Dios con la posibilidad de no morir. El hombre actual muere precisamente porque el primer hombre, padre y cabeza del género humano, que se apartó voluntariamente de Dios, perdió la justicia original y con ella la posibilidad de no morir. La justicia original era aquella íntima unión con Dios por la gracia, que transformaba la naturaleza espiritual humana y penetraba hasta la misma corporeidad. La muerte concreta de todo hombre, en la presente economía de la salvación, es en cierta manera expresión visible de aquella desavenencia entre Dios y el hombre, acontecida al comienzo de la historia moral y espiritual de la humanidad y que llega a afectar el fondo mismo del ser del hombre. Por haber perdido éste aquella vida divina que le unía con Dios en la justicia original, queda afectado aún en lo que constituye su misma vida terrena. La mortalidad es la manifestación de la enemistad del hombre con Dios.[30]

El pecado había abierto la puerta para la entrada de la muerte. Como si de un invasor se tratara la misma había esclavizado a todas las personas sujetándolas a su señorío. Muerte espiritual y física, nadie había escapado a su zarpazo.

---

[30]   RAHNER, Karl. *Sentido teológico de la muerte*, p. 38. Dicho lo cual, este teólogo católico continúa diciendo que la muerte biológica no es consecuencia del pecado, sino que sería el punto y final de su historia temporal. Este final supondría la apertura de la vida a su consumación última y plena sin perder la persona su forma corporal como sucede al presente. Sería un sencillo paso de un tipo de existencia a otro, realmente no podría considerarse ni siquiera muerte. En el estado actual la recuperación de esta corporalidad sucederá en la resurrección al final de los tiempos.

    Alfonso Ropero por su parte, en su artículo «La inmortalidad del alma, ¿doctrina bíblica o filosofía griega?» piensa que en el ser humano no había nada parecido a un código en su naturaleza que lo llevara hacia la muerte biológica, sino que la condición en la que fue creado fue de inmortalidad. «Si era mortal, -se pregunta este autor- ¿para qué amenazarle con la muerte? El hombre solo podría experimentar la muerte mediante la desobediencia» (p. 43).

CAPÍTULO 3

Tiempos de crisis: cuando la vida pone en entredicho lo que se cree sobre ella

La anterior visión bíblica era demasiado reducida para una realidad que continuamente se le escapaba al piadoso israelita. Era una casuística extremadamente rígida, simple y cerrada. Las preguntas comenzaron a acumularse.

¿Por qué el justo sufría mientras que muchos impíos vivían tranquilos y felices? ¿Por qué la muerte aparecía de manera prematura a los que temían a Yavé en tanto los paganos podían tener vidas plenas? ¿Cuál era la razón de la pobreza del varón de Dios en tanto que el inmoral y el malvado poseían cada vez más? Pero lo más angustioso: ¿cómo era posible que todos acabaran en el mismo lugar tras la muerte? ¿Acaso Dios no era justo y amoroso? Y es que

Cualquiera que tuviera ojos no podía evitar darse cuenta de que el principio implícito en el judaísmo bíblico no soportaría un examen atento. Después de todo, el devoto que observaba todos los preceptos de la divina Torá no era reiteradamente recompensado, ni el que incumplía una y otra vez las leyes era siempre castigado. Contrariamente a la afirmación de Proverbios 3, 33, la maldición de Señor no se dirigía constantemente contra la casa del malvado, ni tampoco bendecía continuamente la morada del justo.[31]

El dilema vivencial fue enorme, y durante otro tramo de la historia israelita el creyente vivió en una gran angustia, palpando casi a ciegas, intuyendo, haciendo algunas audaces declaraciones de fe. La esperanza mesiánica, que con el tiempo se desarrollaría, fue una respuesta que miraba hacia el futuro ya que, considerando el pasado o el presente, no era posible comprender en absoluto la realidad que lo cercaba.

Es especialmente en el bloque de literatura poética en donde estas disyuntivas existenciales se ponen de manifiesto. A diferencia de otros conjuntos escriturales en donde es Dios el que habla a sus siervos, aquí la dirección suele ir en sentido opuesto, es la persona la que normalmente dirige a Yavé.

Es por lo que en este tipo de literatura aparecen las inquietudes, las alabanzas, las preguntas, las quejas, el llanto o la alegría de los piadosos israelitas. Consideraremos a continuación algunos textos a modo de ejemplo.

3.1. Los Salmos

Podemos comenzar con el Salmo 88 que se puede clasificar como de súplica. La persona está enferma, enfrenta la realidad de una muerte cercana y entonces clama. Relevantes son los versículos que van del 11 al 16 (LBLA):

> ¿Se hablará de tu misericordia en el sepulcro, y de tu fidelidad en el Abadón? ¿Se darán a conocer tus maravillas en las tinieblas, y tu justicia en la tierra del olvido?

> Mas yo, a ti pido auxilio, SEÑOR, y mi oración llega ante ti por la mañana. ¿Por qué, SEÑOR, rechazas mi alma? ¿Por qué escondes de mí tu rostro?

---

[31] VERMES, Geza. *La resurrección*. Barcelona, Ares y Mares (Editorial Crítica), 2008, p. 46.

He estado afligido y a punto de morir desde mi juventud; sufro tus terrores, estoy abatido. Sobre mí ha pasado tu ardiente ira; tus terrores me han destruido.

Si lo único que se puede esperar tras la muerte es convertirse en una especie de sombra y existir en el Inframundo, la tragedia que vive el salmista es difícilmente imaginable. Es un creyente torturado por una realidad que cree que proviene de Dios. Ahora, ya sin apenas esperanza, se hunde en la desesperación ya que lo único que llegará, después de todo, es su viaje al *Seol*.

Esta misma situación la experimentaron aquellos que veían con sorpresa cómo los malvados prosperaban, se hacían ricos, en tanto que los justos sufrían todo tipo de calamidades. Recordemos que era Dios el que había prometido prosperidad a los suyos, el que debía recompensar a sus amados aquí en la tierra.

En el Salmo 49, 10 (LBLA) se dice: «Porque él ve que aun los sabios mueren; el torpe y el necio perecen de igual manera, y dejan sus riquezas a otros». Pero ante esta realidad en donde sabios y necios acababan sus días de igual forma aparece una declaración impresionante: «Pero Dios redimirá mi alma del poder del Seol, pues Él me recibirá» (v. 15, LBLA).

Si bien es cierto que esto no puede comprenderse como que se estaba refiriendo a la resurrección (idea posterior), no lo es menos que aquí se apuntaba a que el final de ambos tipos de personas no sería el mismo, habría una diferenciación tras el fallecimiento y sería Dios el que rescataría al justo de las garras de la fosa.

Mientras, otros salmos mantienen la visión clásica por lo que la tensión entre lo que se pensaba que debía ser y lo que se veía a diario persiste a lo largo de este libro bíblico. Así, por ejemplo en 37, 25-29 (LBLA):

Yo fui joven, y ya soy viejo, y no he visto al justo desamparado, ni a su descendencia mendigando pan. Todo el día es compasivo y presta, y su descendencia es para bendición.

Apártate del mal y haz el bien, y tendrás morada para siempre. Porque el SEÑOR ama la justicia, y no abandona a sus santos;

ellos son preservados para siempre, pero la descendencia de los impíos será exterminada.

Los justos poseerán la tierra, y para siempre morarán en ella.

Los cristianos suelen leer textos como el precedente llevándolos al tiempo mesiánico, cuando los justos hayan sido resucitados y Cristo reine. Pero esto es un anacronismo y coloca doctrinas posteriores en labios de personas que vivieron mucho antes.[32]

El salmista sostiene la tesis tradicional y habla en términos materiales, terrenales. La bendición de Dios se debía producir aquí en la tierra y en todo caso se apuntaba a que finalmente Yavé aniquilaría a los malvados y actuaría de forma poderosa a favor de los suyos… pero aquí abajo. Es esto mismo lo que se dice en Proverbios 3, 1-2.

Comentando el Salmo 73, 24 («Con tu consejo me guiarás, y después me recibirás en gloria», LBLA) apunta Alain Marchadour:

He aquí abierta una brecha decisiva en una visión del hombre y del mundo que no ofrecía ninguna salida. Todavía no estamos ante la afirmación explícita de una retribución en el más allá, pero misteriosamente los creyentes afirman que es posible creer sin ver. Esos hombres religiosos expresan aquí una certeza que se deriva más bien de una esperanza existencial que de un saber racional: es preciso que Dios arrebate o lleve consigo a los que mueren. Se juegan en el fondo su misma existencia. Se puede notar de pasada que el progreso de la fe de Israel no se realizará a través de la reflexión sobre el hombre, al contrario, profundizando en su conocimiento del Dios vivo es como el judío acabará superando las limitaciones y estrecheces de su antropología.[33]

---

[32] «Cualquier escasa referencia al más allá que pudiera haber en el AT, uno debe al menos concluir que no juega el papel principal que desempeña en el NT. Además, lo poco que hay en el AT sobre el más allá es de naturaleza variada y ambigua. Existen pasajes que sugieren que la muerte es el fin, unas cuantas que parecen insinuar que la conciencia sigue después de la muerte y otras muchas que son sencillamente difíciles de definir con precisión.

El entendimiento común de la muerte en el Antiguo Testamento es que significa la separación final de la tierra de los vivientes y hasta de Dios también. Lo vemos con bastante claridad en pasajes como Salmos 6.5; 30.9;31.18; Isaías 14.11; 38.18-19 y Job 3.13-19» LONGMAN III, T., WHITOIT, J. C., y RYKEN, L. (Editores). *Gran diccionario enciclopédico de imágenes y símbolos de la Biblia.* Terrassa, Barcelona, CLIE, 2015, p. 745.

[33] *Muerte y vida en la Biblia*, p. 24.

Pero dicho lo cual, no todos los especialistas están de acuerdo con esta conclusión de Marchadour. La idea entonces apuntaría a que la expresión «recibir en gloria» sería sinónima de *ser reivindicado ante la comunidad.* Es un reconocimiento social en donde sería puesto de manifiesto su rectitud.[34]

En este tipo de literatura una cierta posibilidad de futuro se va abriendo en medio de la oscuridad. Es un paso hacia adelante, un impresionante salto de fe (ver Salmo 16, 9-11 y 49, 14-16).

3.2. Job

El libro de Job es una de esas joyas de la literatura universal que no deja indiferente a nadie que se acerque a leerlo. Muchos especialistas han señalado la tensión existente entre lo que es el prólogo y el epílogo, ambos en prosa, y el cuerpo que aparece en poesía. Esta falta de encaje se debe principalmente a que el prólogo-epílogo defiende y presenta la postura tradicional de retribución, en tanto que toda la parte poética se dedica precisamente a realizar una severa crítica de la misma.

No conocemos las etapas por las que pasó este libro bíblico hasta su edición final, pero parece muy posible que el material en prosa fuera en origen un bloque el cual habría sido tomado por el autor del relato central dividiéndolo en dos, dando lugar así a lo que nosotros llamamos el prólogo y el epílogo.[35]

El libro de Job es ante todo una composición teológica sin negar, todo lo contrario, que existiera un hombre llamado Job que sufriera toda una cascada de desgracias a cuál más dolorosa. Esta experiencia sirvió al autor del presente libro bíblico para reflexionar, para poner en entredicho y someter a una crítica profunda la concepción de causa-efecto moral mantenida hasta entonces.

De todas formas, si no nos convencen los argumentos a favor de una existencia anterior de lo que es el material en prosa, también es posible abordar esta cuestión tal y como lo hace José María Martínez

---

[34] Ver GARCÍA CORDERO, Maximiliano y PÉREZ RODRÍGUEZ, Gabriel. *Profesores de Salamanca. Biblia Comentada. IV Sapienciales.* Madrid, Biblioteca de autores cristianos (BAC), 1967, pp. 479-480.

[35] GUTIÉRREZ, Gustavo. *Hablar de Dios desde el sufrimiento del inocente.* Salamanca, Ediciones Sígueme, 2006, p. 31.

apuntando que podríamos estar ante una parábola ya que «Nada nos impide admitir que el Espíritu Santo inspirador de la Sagrada Escritura, pudiera inducir al autor a usar una parábola para darnos el gran mensaje contenido en Job. Cristo mismo hizo uso de esta forma de ilustración».[36]

Tras los dos primeros capítulos lo que aparece frente a nosotros es un hombre piadoso que vez tras vez, tras los ciclos de discursos de sus amigos, se declara inocente. Sencillamente él no se merece lo que le ha ocurrido, no hay pecado en su vida que pueda explicar lo que le está pasando. Todo lo que pensaba sobre Dios está en vilo: su amor, su justicia y su providencia.

Los amigos de Job serán considerados como falsos consoladores. Ellos defienden las ideas de siempre. Si Job está sufriendo es por alguna razón, y esta no puede ser otra que una falla moral. Este justo defiende su inocencia, su limpieza moral, pero la acusación se repite. Lo llaman a examinarse, es posible que el pecado esté escondido, que piense, que medite y finalmente la infracción de la ley divina se pondrá de manifiesto.

Pero Job sostiene que esto no es cierto y ahora conoce que está solo, repleto de sufrimiento físico y psíquico. Clama a Dios que lo reivindique, que lo ayude, que pueda ver algo de luz en su desgracia. No está dispuesto a aceptar lo inaceptable.

Lo que le ocurre espantaría a cualquiera (21, 4-9), está en un continuo sufrimiento, incapaz de comprender nada y más aún sabiendo que incluso los malvados «gozan dichosos de la vida y bajan en paz al reino de los muertos» (v. 13, BLP). «Reino de los muertos» es literalmente *Seol*. Anteriormente ya había redundado en esta misma idea:

Pero el hombre muere y yace inerte. El hombre expira, ¿y dónde está?

Como las aguas se evaporan del mar, como un río se agota y se seca, así el hombre yace y no se levanta; hasta que los cielos ya no existan no se despertará ni se levantará de su sueño.

---

[36] MARTÍNEZ, Jose Mª. *Job, la fe en conflicto*. Tercera edición. Terrassa, Barcelona, CLIE, 1989, p. 20.

¡Oh, si me escondieras en el Seol, si me ocultaras hasta que tu ira se pasara, si me pusieras un plazo y de mí te acordaras! (14, 10-13, LBLA).

Para Job es preferible la muerte, anhela bajar al lugar de los ya fallecidos, al menos allí estaría resguardado de la ira de Yavé al cual cree responsable de su sufrimiento. Y es que no hay más alternativas, o Job o Dios.

Para nuestro tema es importante la consideración de un texto difícil, pero muy conocido e interpretado popularmente casi exclusivamente en un sentido. Está en 19, 25-27 (BLP):

Yo sé que vive mi Vengador, que se alzará el último sobre el polvo, que después que me arranquen la piel, ya sin carne, podré ver a Dios.

Sí, yo mismo lo contemplaré; mis ojos lo verán, no un extraño. ¡Tal ansia me consume por dentro!

Con base en una traducción que en vez de *Vengador* vierte por *Redentor* el lector medio ha querido ver aquí una declaración sobre la resurrección, opinión reforzada además por algunos comentaristas bíblicos. Así, el Redentor (Dios) resucitará a Job de la tumba y podrá estar en su misma presencia. Pero lo primero que se ha de tener presente es que la traducción de este texto es difícil ya que se encuentra bastante corrompido y

el contexto general del libro parece oponerse a esta interpretación. En realidad, la frase «después que mis carnes hayan sido deshechas» puede entenderse en sentido moral, aludiendo a la situación lamentable en que el cuerpo purulento de Job se halla actualmente. Estaba tan desfigurado, que sus amigos no lo conocían.

La afirmación solemne de Job -en cualquiera de las versiones que se utilice- parece aludir a su esperanza de recuperar la salud, pues tiene confianza en la justicia divina, que vela por su inocencia. Tiene el presentimiento de que al fin serán reconocidos los derechos de su inocencia. Si admitimos en este fragmento la idea de la esperanza de la resurrección corporal después de la muerte, todo el libro de Job se hace ininteligible, porque abiertamente proclama Job reiteradamente que desciende a la región de los muertos, de la que no puede volver.[37]

Lo que posiblemente pretende decir Job es que finalmente su limpieza y rectitud serán vindicadas ante las acusaciones y la incomprensión de sus amigos que continuamente lo acusan sin ninguna compasión. Será Dios quien lo haga tal y como sucede al final del libro.[38]

3.3. Eclesiastés

El pesimismo en Eclesiastés es como una losa que está sobre todo el libro.

La visión que tiene el autor es de «tejas hacia abajo» y su escepticismo es una crítica abierta y demoledora para con la religiosidad de su tiempo. De hecho, mantiene lo contrario a la tradición de sabiduría tan optimista que aparece en Proverbios o en el libro deuterocanónico Eclesiástico. En no pocas ocasiones la virtud y las acciones justas no son premiadas, ni el pecado ni las maldades castigadas: «Aun he visto más bajo el sol: que en el lugar del derecho, está la impiedad, y en el lugar de la justicia, está la iniquidad» (3, 16, LBLA). Se une así a la línea que seguía el libro de Job.

---

[37] GARCÍA y PÉREZ. *Profesores de Salamanca...*, pp. 99-100.

[38] Dicho todo lo cual Milo L. Chapman resume las opiniones en torno a este texto: «Estas líneas han recibido una gran variedad de interpretaciones, que van desde la negativa de que se esté formulando la esperanza de una resurrección, hasta la afirmación de que, precisamente, se proclama la resurrección.

En apoyo del punto de vista negativo se afirma que Job ha afirmado de manera explícita que no hay esperanza para la vida después de la muerte (14:7-14), que es un hombre que ha perdido toda esperanza. También se ha sostenido que el surgimiento de esta esperanza, a esta altura de la discusión, hace vana otra argumentación ulterior, y que no podría explicarse la desesperación y angustia que Job sigue sintiendo. También se afirma que el texto de estos versículos nos han llegado demasiado corrupto.

Por otro lado, se ha notado que Job fluctúa en sus emociones, pasando de la desesperanza a los vestigios de una esperanza. Y aun cuando a veces ha expresado agonía y confusión, se ha negado resueltamente a abandonar su integridad personal en la relación que mantiene con Dios […].

Es posible, según lo han sugerido algunos, que no esté pensando aquí en la inmortalidad como una existencia sin fin después de la muerte. Pero no puede negarse que Job ha llegado a un nivel de la fe en el que sabe que debe existir algún tipo de relación entre él y Dios, aún después de que él haya muerto» (en CHAPMAN, M. L., PURKISER, W. T., WOLF, E. C., HARPER, A. F. *Comentario Bíblico Beacon*. Kansas City, Casa Nazarena de Publicaciones, 1996, pp. 65-66).

Pero dicho lo cual, *Cohélet*[39] en absoluto es un nihilista y su materialismo está impregnado de la piedad hebrea. Es por ello que sus palabras tienen tal carga de profundidad, siempre parte de su fe tradicional y es desde donde hace explosionar sus argumentos. El texto que contenido en 3, 19-22 (BLP) es impactante:

En efecto, seres humanos y animales comparten un mismo destino: la muerte de estos es como la muerte de aquellos y todos tienen un mismo aliento vital, sin que el ser humano aventaje al animal, pues todo es ilusión.

Todos van al mismo sitio: todos proceden del polvo y todos vuelven al polvo.

Nadie sabe si el aliento vital de los seres humanos sube a las alturas y el de los animales cae bajo tierra.

Por eso, he descubierto que para el ser humano no hay más felicidad que disfrutar de sus obras, porque esa es su recompensa. Pues nadie lo traerá a ver lo que sucederá después de él.

Hablar de tener muchos o pocos hijos es intrascendente, también el poseer más o menos, e incluso el preguntarse por qué en esta vida lo que debería ser no es. *Cohélet* se distancia totalmente de la visión tradicional sobre la bendición divina. Si no se ha sido feliz es mejor no haber existido. Únicamente el bienestar puede ser experimentado en esta tierra, y si uno ha tenido la desdicha de no haberlo conocido, entonces, ¿para qué haber nacido?

Si alguien tiene cien hijos y vive muchos años, por muy larga que sea su vida, si no disfruta de felicidad y ni siquiera tiene una sepultura, yo digo que un aborto es más afortunado que él.

Pues en un soplo vino, en la oscuridad se va y su recuerdo queda oculto en las tinieblas.

No vio ni conoció el sol, pero descansa mejor que el otro.

---

[39] Es así como el autor de Eclesiastés se llama a sí mismo. Este vocablo significa literalmente «el hombre de la asamblea». Traducciones como «predicador» o «maestro» son aceptables.

Y aunque hubiera vivido dos mil años, si no disfrutó de felicidad, ¿no van todos al mismo sitio? (Eclesiastés 6, 3-6, BLP).

En la misma línea va Eclesiastés 8, 14-15 (LBLA), en donde el autor hace un llamado a disfrutar la vida presente en todo lo posible ya que en el *Seol*, donde van todos sin distinción, no se podrá. Pero las situaciones por las que pasa la persona, y que hacen posible este disfrute o no, no obedecen a nada racional, es como si al ser humano lo hubieran obligado a jugar a una especie de ruleta rusa en donde no sabe en qué momento el disparo se producirá. En este juego perverso el revólver no entiende de justos o malvados y así puede dejar con vida a estos últimos, segándoles en un instante la alegría, el descanso o la tranquilidad a los primeros.

Hay una vanidad que se hace sobre la tierra: hay justos a quienes les sucede conforme a las obras de los impíos, y hay impíos a quienes les sucede conforme a las obras de los justos. Digo que también esto es vanidad.

Por tanto yo alabé el placer, porque no hay nada bueno para el hombre bajo el sol sino comer, beber y divertirse, y esto le acompañará en sus afanes en los días de su vida que Dios le haya dado bajo el sol.

No es posible comprender el libro de Eclesiastés si desconocemos qué se pensaba en esos momentos sobre la vida de ultratumba. Además, ya estamos en un momento en donde las antiguas ideas de prosperidad para los justos y de castigo divino para los malvados han entrado en crisis. Nada parece tener sentido, la teología tradicional se encuentra en una encrucijada y se observan dos tendencias en los libros poéticos y de sabiduría. Por un lado, una profunda desesperación y hundimiento; por el otro, las primeras declaraciones de que Dios debe tener la palabra final para con sus amados. Para estos últimos no todo finaliza en la tumba, en el Inframundo, existiendo como sombras, como en un sueño, alejados de la presencia y de la comunión con Yavé que es en definitiva la vida en su más esencial sentido.

De análoga forma va pasando con el concepto de un Dios que todo lo designa, responsable de cuanto le ocurre a la persona. Si esto es así, y debemos seguir pensando que Dios es bueno y justo, no hay forma de entender nada.

El *Cohélet*, un auténtico filósofo, no está interesado en presentar sus pensamientos a Dios, en plantearle su desánimo, su vacío. Habla al aire, lanza sus preguntas y sus certezas sin esperar respuestas. En contraste, Job sí que era un creyente que se dirigía directamente al Creador, le arrojaba sus preguntas, le presentaba sus angustias, se declaraba inocente, le exigía que le hablara, que respondiera (Job 13, 23-24). Job tenía esperanza de salir de su atolladero existencial, *Cohélet* parece haber tirado la toalla.

3.4. Tres textos enigmáticos

Antes de cerrar este capítulo debemos ocuparnos de tres textos enigmáticos que si bien no pertenecen a la literatura de sabiduría o poética, han sido colocados aquí por reflejar una creencia que abría la esperanza a algo más.

No pretendemos comentarlos, bastará una simple lectura para mostrar lo inusuales de los mismos dentro del pensamiento hebreo a este respecto.

Dos de ellos hablan de sendos raptos, el tercero del desconocimiento del lugar de una sepultura.

En Génesis 5, 21-24 (LBLA) se nos presenta el arrebatamiento de Enoc quien, se nos dice, fue llevado vivo por Dios.

Y Enoc vivió sesenta y cinco años, y engendró a Matusalén.

Y Enoc anduvo con Dios trescientos años después de haber engendrado a Matusalén, y engendró hijos e hijas.

El total de los días de Enoc fue de trescientos sesenta y cinco años. Y Enoc anduvo con Dios, y desapareció porque Dios se lo llevó.

En 2 Reyes 2, 1-12 (LBLA) está el segundo de estos «textos de rapto». Ahora se trata del profeta Elías subiendo al cielo en un carro tirado por caballos, todo ello de fuego. Dios se lo lleva en medio de un torbellino.

Y sucedió que cuando el SEÑOR iba a llevarse a Elías al cielo en un torbellino, Elías venía de Gilgal con Eliseo.

Y Elías dijo a Eliseo: Te ruego que te quedes aquí, porque el SEÑOR me ha enviado hasta Betel. Pero Eliseo dijo: Vive el SEÑOR y vive tu alma, que no me apartaré de ti. Y descendieron a Betel.

Entonces los hijos de los profetas que estaban en Betel salieron al encuentro de Eliseo y le dijeron: ¿Sabes que hoy el SEÑOR te quitará a tu señor de sobre ti? Y él dijo: Sí, yo lo sé; callad.

Elías entonces le dijo: Eliseo, te ruego que te quedes aquí, porque el SEÑOR me ha enviado a Jericó. Pero él dijo: Vive el SEÑOR y vive tu alma, que no me apartaré de ti. Y fueron a Jericó.

Y los hijos de los profetas que estaban en Jericó se acercaron a Eliseo y le dijeron: ¿Sabes que hoy el SEÑOR te quitará a tu señor de sobre ti? Y él respondió: Sí, yo lo sé; callad.

Entonces Elías le dijo: Te ruego que te quedes aquí, porque el SEÑOR me ha enviado al Jordán. Pero él dijo: Vive el SEÑOR y vive tu alma, que no me apartaré de ti. Siguieron, pues, los dos.

Y cincuenta hombres de los hijos de los profetas fueron y se pararon frente a ellos, a lo lejos, mientras ellos dos se pararon junto al Jordán.

Entonces Elías tomó su manto, lo dobló y golpeó las aguas, y éstas se dividieron a uno y a otro lado, y los dos pasaron por tierra seca.

Y cuando habían pasado, Elías dijo a Eliseo: Pide lo que quieras que yo haga por ti antes de que yo sea separado de ti. Y Eliseo dijo: Te ruego que una doble porción de tu espíritu sea sobre mí.

Y él dijo: Has pedido una cosa difícil. Sin embargo, si me ves cuando sea llevado de ti, así te sucederá; pero si no, no será así.

Y aconteció que mientras ellos iban andando y hablando, he aquí, apareció un carro de fuego y caballos de fuego que separó a los dos. Y Elías subió al cielo en un torbellino.

Lo vio Eliseo y clamó: Padre mío, padre mío, los carros de Israel y su gente de a caballo. Y no lo vio más. Entonces tomó sus vestidos y los rasgó en dos pedazos.

Finalmente tenemos Deuteronomio 34, 5-6 (BLP) en donde se nos informa de la muerte de Moisés, su enterramiento y el desconocimiento del lugar de su sepultura:

Allí, en Moab, murió Moisés, siervo del Señor, como lo había dispuesto el Señor.

Y lo enterró en el valle de Moab, frente a Bet Peor, y hasta la fecha nadie sabe dónde está enterrado.

De esta forma nos deja con la incógnita, preguntándose el lector en dónde está el cuerpo y todo lo que ello implicaba. ¿Está Moisés con Dios? ¿Se lo ha llevado?

La tradición posterior hablará de una contienda entre el arcángel Miguel y el diablo por hacerse con el cuerpo de Moisés y que está recogida en el libro canónico de Judas, en el versículo 9, citando al respecto el apócrifo *Asunción de Moisés*.

Como decía, se trata de tres textos no explicables con base a las ideas de ultratumba que tenían los hebreos en aquellos tiempos, y de hecho tampoco van más allá por sí mismos. Son escuetos, telegráficos, pero que abrían una esperanza o al menos una gran incógnita.

CAPÍTULO 4

La voz profética

4.1. De la colectividad a la individualidad

La caída de ambos reinos será vivida como un castigo divino, aunque sin lugar a dudas será la ruina del segundo, el Reino del Sur o de Judá, la que tendrá carácter de auténtica tragedia.

El templo jerosolimitano fue destruido por el Imperio babilónico en el año 586 a. C. Este hecho fue traumático y se recordará en el resto de la historia israelita.

Con la desaparición del reino sureño se venían abajo las esperanzas. La tierra dada por Dios, el país prometido a Abrahán y a su descendencia, ahora estaba en ruinas, en manos de un imperio pagano. El compromiso divino con la dinastía davídica también parecía esfumarse. El templo, el lugar en donde Yavé había afirmado que habitaría en medio de su pueblo ya no existía. De esta forma, la religiosidad israelita entró en un punto de inflexión, un tiempo, el de la cautividad (586-538 a. C.), en el que tenía que hacer un serio replanteamiento.

Según el texto bíblico, los profetas ya habían hablado de esta posibilidad, es más, la habían dado por hecha debido a la paganización de la religión israelita, o mejor, la negativa a dejar atrás el paganismo que desde el primer momento estuvo presente. Otros profetas hablaron desde el destierro y otros más en el tiempo de la restauración que comenzará con el Imperio persa.

Si anteriormente consideramos la crisis de las creencias en relación a la retribución divina, lo hicimos desde la experiencia individual. Los profetas escritores presentarán esta problemática desde una perspectiva complementaria, la nacional, aunque a partir del destierro babilónico profetas como Jeremías y Ezequiel comenzarán a considerar la responsabilidad individual, desvinculando la misma de la colectividad.

La perspectiva tradicional que consideraba al pueblo israelita como un todo, como si de un único individuo se tratara, era sencilla: si el rey era impío y se desviaba de la voluntad divina, la nación al completo sufría las consecuencias. Era algo secundario y quedaba sin ningún tipo de explicación que en ella existieran muchos creyentes fieles, temerosos de Dios y que clamaran por qué a ellos también les sucedían todo tipo de calamidades. La idea de comunidad no daba voz a las familias justas.

El cambio a la responsabilidad individual surgirá como una respuesta que rectificaba la idea de que los hijos recibían el castigo por la culpa de los padres o ascendientes. Esa especie de castigo generacional se rompía y la colectividad va dando paso a la individualidad, lo que será clave en el siguiente periodo que tratemos, el intertestamentario, cuando aparecerá la figura del mártir.

En aquellos días no volverá a decirse:

«Los padres comieron uvas agrias, y a los hijos se les destemplaron los dientes».

Al contrario, al que coma uvas agrias se le destemplarán los dientes, es decir, que cada uno morirá por su propia iniquidad (Jeremías 31, 29-30, NVI).

Estamos ante un paso decisivo como es la aparición con toda su intensidad del individuo como sujeto responsable. Y es que ante las graves situaciones de crisis por las que estaba pasando la nación, el enorme desequilibrio social entre los pudientes y los pobres, las situaciones de injusticia y de corrupción de los jueces y el coqueteo continuo (o abierta apostasía) con otras formas de religiosidad de los dirigentes habían llevado a la nación a una cascada de gravísimas situaciones, tanto que sencillamente ya no existía ningún Estado israelita. De esta forma, ahora se distinguían entre aquellos que habían provocado el desastre y los que sencillamente habían soportado todas las consecuencias, tanto las procedentes de sus propios dirigentes como las posteriores de los despiadados invasores. Había llegado el momento de hacerles justicia a tantas víctimas, ya no podían seguir siendo consideradas como castigadas por Dios por algo en lo que no tenían ningún tipo de culpabilidad. Es el desarrollo del concepto del remanente justo que irá de la mano del mesianismo. Se va preparando el contexto en el cual germinarán las posteriores ideas de recompensas y castigos de ultratumba.

> ¡Ay de los pastores que descarrían y dispersan el rebaño de mi pastizal! –oráculo del Señor–. Por eso, así dice el Señor, Dios de Israel, acerca de los pastores que apacientan a mi pueblo: Vosotros dispersasteis mi rebaño, lo expulsasteis y no os habéis preocupado de él. Pues bien, yo os voy a pedir cuentas de vuestras malas acciones –oráculo del Señor– y yo mismo reuniré al resto de mis ovejas de todos los países por donde las dispersé y las haré volver a su pastizal, donde fructificarán y se multiplicarán (Jeremías 23, 1-3, BLP).

4.2. La esperanza mesiánica

En este contexto es que la esperanza mesiánica adquirirá toda su centralidad.

La misma sostenía que vendría un tiempo en el cual Dios liberaría a Israel de cualquier opresor. Antes limpiaría a su pueblo de idolatría y de pecado y con brazo fuerte instauraría una teocracia. Esta teocracia sería implantada en una tierra redimida y Dios volvería a estar en Sión.

Este desarrollo del mesianismo será clave y conectará con el siguiente periodo en donde aparecerá la literatura apocalíptica. Dentro de la apocalíptica las ideas sobre la vida tras esta vida irrumpirán con toda su fuerza y la idea de resurrección aparecerá por primera vez de una forma nítida y clara. Esto lo veremos en el siguiente capítulo.

Por ahora volvamos al momento en el cual los israelitas se encuentran conmocionados. Judá ha caído, lo más destacado de la población deportada y la tierra dada por Yavé en ruinas.

Los profetas de ambos reinos hablarán de la restauración de la nación en términos de «resurrección», como sucede en Oseas 6, 1-2 (BP): «Vamos a volver al Señor: él nos despedazó y nos sanará, nos hirió y nos vendará la herida. En dos días nos hará revivir, al tercer día nos restablecerá y viviremos en su presencia».

En Isaías 26, 19 («Tus muertos vivirán, sus cadáveres se levantarán. ¡Moradores del polvo, despertad y dad gritos de júbilo!, porque tu rocío es como el rocío del alba, y la tierra dará a luz a los espíritus», LBLA) el sentido metafórico es claro, aunque es posible que tengamos una declaración sobre la resurrección de los muertos. En palabras de Derek Kidner: «Si bien oscuro en sus detalles, claramente promete la resurrección corporal. Las afirmación paralela, Dn. 12:2 añade dos situaciones más: la resurrección de los pecadores y una eternidad de vida o de vergüenza».[40]

Un texto impresionante es el que aparece en Ezequiel 37. Se trata de la visión de los huecos secos. La misma se presenta en términos de una resurrección lo que nos confirma que esta situación se estaba viviendo como si de una muerte nacional se tratara.

El espíritu de Dios lleva al profeta a un valle repleto de huecos secos y allí Yavé le pregunta si aquellos huesos podrán volver a la vida. Ezequiel no conoce la respuesta. Entonces se le ordena que sea él quien diga las palabras para que partiendo de aquellos huesos, los nervios, la carne y la piel vuelvan a aparecer. Tras este proceso todavía les faltaba el principio vital, el aliento o espíritu para que fueran seres vivientes. Una vez penetra en ellos es que se levantan formando un enorme ejército (v. 10).

Hay discusión en cuanto a si Ezequiel 37 podría referirse a algo más que a la restauración nacional del pueblo israelita. Algunos comentaristas ven una anticipación de la idea de la resurrección. Sea cual fuere nuestra opinión, el hecho es que estamos ante un texto que hablaba del poder de Dios para levantar aun de los muertos a su pueblo, aunque fuera de manera parabólica, lo que sin duda llevaría a los

[40] GUTHRIE, Donald., MOTYER, J. Alec., STIBBS Alan. M. y WISEMAN, D. J. (Eds). *Nuevo Comentario Bíblico*. El Paso, Casa Bautista de Publicaciones, 1992, p. 455.

lectores originales a pensar si no haría lo mismo, de alguna forma, con los justos que iban al *Seol*.

Por eso, profetiza y diles: Esto dice el Señor Dios: Voy a abrir vuestras tumbas y a sacaros de ellas, pueblo mío; os llevaré a la tierra de Israel. Y sabréis que yo soy el Señor cuando abra vuestras tumbas y os saque de ellas, pueblo mío. Os infundiré un espíritu para que viváis y os estableceré en vuestra tierra. Yo, el Señor, lo digo y lo hago. Oráculo del Señor (Ezequiel 37, 12-14, BLP).

Si este texto apuntaba a algo más que a lo puramente parabólico es claro que estamos ya ante lenguaje apocalíptico. Este está entremezclado con el profético del cual procede y como paso previo en su desarrollo posterior. Dejaremos las explicaciones y comentarios sobre la apocalíptica para el siguiente capítulo, pero valga ya de antemano la siguiente advertencia. Este tipo de literatura aparece en contextos críticos y de opresión, basándose en visiones en donde el elemento simbólico es central y siendo además su perspectiva escatológica. Lo desafortunado es que a menudo los elementos simbólicos han sido interpretados, apareciendo como consecuencia conclusiones ajenas al propio texto. La historia de la interpretación del libro canónico del Apocalipsis es la triste evidencia de este desatino. Hay que buscar un mensaje central en estos escritos y no apartarse del mismo, ya que es esto precisamente lo que se deseaba transmitir. La abundancia de detalles y el ropaje literario usado no necesita ser definido.

Pero por si fuera poco, textos como el presente que trata del tiempo mesiánico, han sido entendidos llevándolo casi todo a lugares celestes, como si en estos momentos de la historia israelita se creyera en la resurrección, en la retribución de ultratumba o en el cielo como destino de los justos. El mesianismo hasta estos momentos es entendido sobre todo de forma materialista y terrenal, presentando de vez en cuando algún atisbo que apuntaba a algo más. De nuevo, los anacronismos interpretativos.

CAPÍTULO 5

Entre los dos testamentos

Entramos en el período central, por su importancia para nuestro tema.

Los últimos doscientos años antes de la era cristiana serán unos tiempos de gran convulsión, lo que provocó que se diera un paso decisivo en la fe israelita: se desarrollará plenamente la doctrina de la resurrección.

Estamos en el tiempo del silencio en la revelación divina. Dios parece no interesarse por su pueblo. «Israel cayó en una tribulación tan grande como no la había habido desde que cesaron los profetas» (1 Macabeos 9, 27, BP).

La vuelta del destierro se hizo posible gracias al Imperio persa. Este derrotó al babilónico y Ciro, en el 539 a. C., realizó su famoso edicto para que los exiliados retornaran a su tierra (2 Crónicas 36, 22-23; Esdras 1, 1-4). Esta época de dominación persa terminará con la llegada de Alejandro Magno, comenzando, a raíz de sus conquistas, el llamado período helenístico.

Tras la muerte de Alejandro Magno en el 323 a. C., su imperio se dividió e Israel pasará a estar bajo el dominio lágida de Egipto

(301-200 a. C.). Lo que vendría después, al pasar la sujeción judía de los lágidas a los seléucidas de Siria, será terrible.

Este tiempo se iniciará en el año 200 a. C. y la profanación del templo por parte Antíoco IV (175-164 a. C.) será considerada como algo propio del Anticristo. Dice Marchadour: «En tiempo de los seléucidas la copa rebosa: los impíos prosperan y los justos mueren torturados por fidelidad a un Dios que sigue en silencio. En este desconcierto va a resonar la voz liberadora de los "apocalípticos"».[41]

Es de esta voz liberadora desde donde se despliega la fe judía en la resurrección y una diferenciación de destino para los justos y los impíos.

La literatura apocalíptica podemos fecharla desde el 200 a. C. hasta bien entrada la era cristiana, 100 d. C.[42] Como bien resume D. S. Russell:

> Ampliamente hablando, la literatura apocalíptica aparece entre la literatura del Antiguo y el Nuevo Testamento y está íntimamente ligada a ambas. Por una parte, es una continuación del Antiguo Testamento, y en muchos aspectos es un desarrollo de la profecía. También es una anticipación del Nuevo Testamento, pues marca un importante período de transición en el que las creencias reflejadas en estos escritos fueron adoptadas y desarrolladas por la cristiandad. Verdaderamente los importantes cambios en el pensamiento religioso que tuvieron lugar entre los dos Testamentos serían, en grado considerable, inexplicados e inexplicables si no fuera por la literatura apocalíptica judía. Esto se aplica especialmente a la idea del Mesías en su relación con el Hijo del Hombre, y a la creencia en la vida después de la muerte.[43]

---

[41] *Muerte y vida en la Biblia*, p. 40.

[42] Estas fechas son aproximadas ya que existe cierto debate en la datación de determinados libros. Algunos autores abren un poco más este marco temporal y así el mismo iría desde el 200 a. C. hasta el 200 d. C. Este lapso más amplio es el resultado de considerar tres momentos claves en la producción de este tipo de escritos.

  El primero sería el que estamos comentando, la opresión seléucida; el segundo obedece a otro golpe a nivel nacional como fue la pérdida de la independencia a manos romanas en el 63 a. C.; el tercer evento lo supondrá los grandes levantamientos judíos de los siglos I y II d. C. aplastados por el ejército romano. Recordemos que la apocalíptica es una literatura de crisis.

[43] *El período Intertestamentario*. El Paso, Casa Bautista de publicaciones, 1997, p. 91.

Estos escritores apocalípticos prosiguen la labor de los profetas, son continuadores de su teología de la cual parten para ir un paso más allá en diversos temas.

Debido al vacío que supone la ausencia de la voz de Dios y teniendo que enfrentar circunstancias en algunos sentidos desconocidas antes, es que estos autores buscan llenar este hueco complementando e incluso corrigiendo en determinados casos la anterior perspectiva profética.

El libro de Daniel será el que marcará y sobre el que se desarrollará la escatología palestinense. Su idea sobre la resurrección corporal era algo aceptado y creído en la sociedad en la que se movió Jesús y es sin duda el más importante escrito de la apocalíptica judía tanto por ser el primero como por su ya comentada influencia.[44]

Ahora bien, hay una relevante diferencia entre el mensaje de los profetas y el de los apocalípticos. Los primeros hablaban de una nueva era, de una actuación de Dios a favor de los suyos que iniciaría un tiempo de prosperidad sin igual aquí en la tierra (era mesiánica). Era la continuación lineal del tiempo, de la historia humana, y así Yavé reivindicaría a sus amados dándoles una edad de felicidad, castigando a la par a los impíos y cumpliendo de esta forma las antiguas promesas davídicas. Como ya apuntamos en su momento, toda esta actuación divina era entendida en términos materiales y terrenos. No existía ninguna claridad sobre la vida de ultratumba, si podrían salir del *Seol* los justos que habían fallecido, si era posible algún tipo de resurrección.

En contraste, los apocalípticos se sitúan en la recreación del planeta. Dios llevaría al final la historia tal y como la conocemos, normalmente por medio de una catástrofe, e instauraría un nuevo mundo ya que el presente había llegado a tal punto de maldad que no era

---

[44] No interesa aquí el debate sobre la datación de algunas partes del libro de Daniel aunque léase un poco más adelante la nota al pie número 47. De la importancia de Daniel nos informa Flavio Josefo: «Explicamos lo referente a este hombre, para que todos puedan admirarlo. Todo lo que hizo tuvo carácter extraordinario como procedente de uno de los grandes profetas; mientras vivió fue honrado y glorificado por los reyes y el pueblo y, una vez muerto, gozó de fama sempiterna. Los libros que escribió se leen todavía en la actualidad entre nosotros; y deducimos de ellos que Daniel conversaba con Dios. No se limitaba, como los otros profetas, a predecir lo futuro, sino que indicaba el tiempo en que los hechos acontecerían. Mientras los demás profetas profetizaron calamidades, por lo cual concitaron el odio de los reyes y del vulgo, Daniel fue un profeta de buenas nuevas, de manera que se conquistó la buena voluntad de todos; su cumplimiento le valió la confianza de la multitud y la reputación de hombre de Dios» [*Antigüedades de los judíos* (3 vols.). Terrassa, Barcelona, CLIE, 1988a, pp. 213, 214].

posible hacer nada sin ponerle fin antes. Además, su perspectiva se había abierto y los lugares supraterrenales de tormento y dicha habían aparecido. Dicho lo cual, es cierto que en determinados autores apocalípticos encontramos fundidos, o como etapas diferenciadas, la perspectiva profética y la propia de este tipo de literatura. También lo es que ciertos profetas veterotestamentarios anteriores a este período usan un lenguaje en ocasiones semejante. Es por ello que hablamos de la conexión existente entre ambas corrientes, pero sería un error no considerar estas diferencias.

5.1. Tiempos convulsos

Fue a causa de las tremendas persecuciones que se dieron durante el reinado de Antíoco IV (175-163 a. C.) para imponer a la fuerza todo lo griego que la reacción se desencadenó.

Antíoco determinó hacer desaparecer por completo la religión judía (168 a. C.). Profundamente frustrado por haber sido frenado por la flota romana y obligado a retirarse al iniciar la invasión del Egipto ptolomeo, su ira cayó sobre Jerusalén. Masacró a la población y se propuso acabar con el judaísmo. Prohibió lo más esencial de su identidad (1 Macabeos 1, 41 ss.): los sacrificios, la circuncisión y el guardar las festividades. La Torá también la intentó erradicar buscando cualquier copia existente para destruirla. Si algún judío se negaba significaba su muerte.

A la par se obligaba a realizar aquello que era abominación para el piadoso israelita. Así, se forzaba a que comieran carne de cerdo o a realizar sacrificios a dioses paganos en altares que se erigieron a lo largo y ancho del territorio. El culmen lo supuso la erección de un altar al Zeus Olímpico justo en el mismo lugar del altar de los holocaustos del templo, era el 2 de diciembre del 167 a. C.

Los tributos se dispararon y para aplastar un levantamiento se asesinaron a decenas de miles de judíos. Se esclavizaron a mujeres y a niños matando a placer a cuantos se resistían. La situación era terrible y finalmente una revuelta prendió con éxito. Al frente de ella estaba un anciano llamado Matatías.

Matatías era un sacerdote de Modín, lugar emplazado al noroeste de Jerusalén. Provenía de la casa de Hasmón y vivía junto a sus cinco hijos. La chispa de inicio de la insurrección se produjo cuando un funcionario sirio intentó que esta familia realizara un sacrificio pagano. Ante la negativa otro judío se adelantó y lo llevó a cabo. Matatías ardió de rabia y mató a ambos, funcionario y judío, huyendo a las montañas con su familia y uniéndoseles gradualmente los «piadosos»[45] (1 Macabeos 2, 23-28; 42-48). Estos «piadosos» provenían principalmente de las clases más humildes aunque entre sus filas había alguna persona de cierta relevancia. Las clases altas por su parte, la aristocracia, los acaudalados comerciantes y la élite sacerdotal vieron con buenos ojos la helenización de su tierra y cultura. Una excelente oportunidad para progresar a todos los niveles. La misma sociedad judía estaba dividida en dos.

El helenismo llegaba a tanto, y estaba tan en boga la moda extranjera, por la enorme desvergüenza del impío y pseudopontífice Jasón, que los sacerdotes ya no tenían interés por el culto litúrgico ante el altar, sino que, despreciando el templo, y sin preocuparse de los sacrificios, corrían a participar en los juegos de la palestra, contrarios a la Ley, en cuanto se convocaba el campeonato de disco; sin hacer ningún caso de los valores tradicionales, tenían, en cambio, en sumo aprecio las glorias griegas (2 Macabeos 4, 13-15, BP).

De este grupo de «piadosos» saldrán los fariseos y los esenios, ambos de creencias apocalípticas. Junto a otros afines «es de donde nace el deseo de prolongar la vida espiritual y mensaje del Antiguo Testamento, y lo que condujo a la producción de la mayoría de los apócrifos».[46]

Se inició así una guerra de guerrillas, de escaramuzas, contra los seléucidas y sus partidarios. A la muerte de Matatías (166 a. C.) pasó al frente su hijo Judas llamado *Macabeo*. Contra todo pronóstico la guerra se fue ganando hasta que en el 142 a. C. se lograba la independencia.

---

[45] O los «justos», «asideos» o «hasidim» (cf. Salmos 30, 4; 31, 23).
[46] PIÑERO, Antonio. *Apócrifos del Antiguo y del Nuevo Testamento*. Madrid, Alianza Editorial, 2016, p. 31. Este autor usa *apócrifo* para referirse a aquellos libros que los protestantes/evangélicos denominan *pseudoepígrafos*. Para estos, apócrifos son los escritos que estaban en la Septuaginta y que no fueron aceptados dentro del canon hebreo que ellos a su vez admiten. Los católicos por su parte llaman a estos últimos *deuterocanónicos*, ya que ellos sí que los reconocen como Escritura y fueron así sancionados definitivamente en el Concilio de Trento (1546).

5.2. Daniel 12, 1-3

La parte del libro de Daniel que nos interesa se sitúa en el tiempo de la dominación seléucida[47]:

> En aquel tiempo se levantará Miguel, el gran príncipe que vela sobre los hijos de tu pueblo. Será un tiempo de angustia cual nunca hubo desde que existen las naciones hasta entonces; y en ese tiempo tu pueblo será librado, todos los que se encuentren inscritos en el libro.
>
> Y muchos de los que duermen en el polvo de la tierra despertarán, unos para la vida eterna, y otros para la ignominia, para el desprecio eterno.
>
> Los entendidos brillarán como el resplandor del firmamento, y los que guiaron a muchos a la justicia, como las estrellas, por siempre jamás (12, 1-3, LBLA).

Este texto es de una importancia vital para toda la revelación bíblica, es un paso decisivo que marcará un antes y un después definitivo.

¿De dónde ha brotado la luz? Del acercamiento, hasta lo insoportable, de dos extremos: por un lado, el mal llevado hasta el exceso a través de la actitud diabólica de Antíoco Epífanes desafiando al Dios de Israel en su propio santuario; por otro, la piedad vivida hasta el riesgo supremo de la muerte en el martirio. La contradicción suscitada después del destierro entre la justicia pisoteada de los creyentes y la felicidad inexplicable de los pecadores ha tomado aquí tales dimensiones que ha hecho nacer la fe en la resurrección.[48]

Yavé sacará a los suyos del *Seol* y resucitará sus cuerpos del sepulcro, la última frontera ha caído. Los justos no han sido olvidados, sino que

---

[47] Hemos colocado el libro de Daniel en este lugar ya que registra profecías que se dieron en el siglo II a. C., durante la gran opresión seléucida y la posterior revuelta macabea. Es este el contexto histórico correcto para así poder comprender la parte de sus escritos que nos interesan. La discusión en torno a la datación de algunas partes de Daniel excede con mucho las pretensiones de este libro.

[48] MARCHADOUR, Alain. *Muerte y vida en la Biblia*, p. 41.

sus nombres están anotados en el libro divino. Es un conocimiento que va más allá de lo teórico, sabe de ellos de manera personal, individual, y los restituirá al completo. De una vez por todas se podía afirmar que Dios era justo y bueno y que hacía honor a sus promesas.

El tradicional concepto de retribución terrena ha dejado paso a la ultraterrena. Por supuesto, «lo que el hombre segare eso también segará», pero esta siega no tiene por qué darse en esta existencia. El justo israelita a pesar de todas las apariencias podía mirar esperanzado más allá de su propia muerte.

Esta resurrección era corporal, como no podía ser de otra forma para el pensamiento judío. El ser humano al completo pasaría a la presencia de Dios, la fosa no tenía la última palabra. «La resurrección, o de manera más precisa, la resurrección del cuerpo, es definitivamente una idea judía» dice el erudito judío Geza Vermes.[49]

Pero aquí también hay otro dato relevante y es que la resurrección no será únicamente para los justos, sino también para los impíos[50]. El antiguo mesianismo quedará unido con la corriente apocalíptica.

La persecución que estaban sufriendo los justos de Israel al negarse a adorar a otros dioses, a dejarse llevar por una cultura ajena a ellos (helenística), había provocado un río de mártires. Ante el hecho adicional de que una parte de la población judía palestina había sido muy influida por este helenismo, ya no había lugar para seguir pensando en

---

[49] *La resurrección*, p. 14.

[50] Se ha discutido mucho sobre la influencia irania en el judaísmo durante la dominación persa (538-333 a. C.), y así D. S. Russell, junto con muchos otros, opina (*El periodo Intertestamentario*, p. 19) que esta influencia zoroástrica es muy clara en temas como la separación del alma del cuerpo, la creencia en la resurrección y el juicio final, y evidente también en la angeología. Por otra parte, hay que tener cuidado con opiniones cerradas a este respecto ya que como apunta Johann Maier «La cronología de los testimonios literarios para la religión parsi o zoroástrica ofreció y en parte sigue ofreciendo graves dificultades, y esta circunstancia ha impedido notablemente el esclarecimiento de la cuestión de posibles influencias en la religión israelítico-judía... La pregunta se forma a veces en forma inversa: ¿en qué medida es deudora la religión irania de una eventual influencia judía?» (*Entre los dos testamentos. Historia y religión en la época del segundo templo*. Salamanca, Ediciones Sígueme, 1996, p. 34).

Y un poco más adelante (p. 35): «Es frecuente atribuir a la influencia irania el paso desde la visión deuteronomística y lineal de la historia al horizonte escatológico y a un fin del mundo de carácter catastrofista, como antecedente para el tiempo de salvación. Pero justamente en este caso son decisivos tanto los presupuestos intrajudíos como la situación de crisis en la que se llegó a la formación de estas ideas "apocalípticas"».

En línea parecida va Andrés Torres Queiruga en su libro *Repensar la resurrección* cuando dice: «Sean cuales sean los posibles influjos externos, la investigación reciente muestra que, en todo caso, fueron siempre secundarios frente a la lógica intrabíblica apoyada en esta visión de Dios» (Madrid, Editorial Trotta, S. A., 2005, p. 62).

una continuidad histórica como nación, esto es un tiempo en el que Dios vendría para instaurar su reino terrenal sin más.

Estos fieles judíos estaban muriendo por la causa de Dios, no por sus pecados, sino por su fe. Por ello, ya no se podía seguir creyendo que el sufrimiento y el dolor estaban siendo provocados por alguna falta personal o nacional, sino que la realidad les marcaba otra dirección. Eran víctimas de los malvados, Dios estaba de su parte, pero aun así seguían cayendo. El concepto de responsabilidad individual que ya había sido marcado por los profetas llegaba así a su «mayoría de edad».

Ya no se podía seguir sosteniendo que habría largura de días y prosperidad para los fieles, sino que precisamente la vida de los justos estaba siendo cercenada por su lealtad. Era su amor a la Ley, su negativa a renunciar a su identidad judía la causante de todos sus males. Frente a ellos había además otros tantos israelitas que se habían dejado arrastrar por la corriente helenista, renegando de la religión de sus padres. Ya no cabía pensar como colectivo.

Ahora se afirmaba un final terrestre, un último momento en donde la maldad alcanzaría extremos insospechados y Dios tendría que actuar drásticamente para erradicarla, un juicio final para la humanidad comenzando por su propio pueblo y con una retribución de ultratumba tanto para justos como para impíos. La idea de algo nuevo, una recreación, una tierra y eón restaurados de duración eterna había aparecido partiendo de las anteriores ideas mesiánicas.

Si nos detenemos en el libro 2 Macabeos podemos comprobar cómo la creencia de la resurrección ya estaba extendida en el siglo I a. C.[51] En el capítulo 7 se relata el martirio de siete hermanos y su madre, todos ellos piadosos judíos. En el v. 9 (BP) se dice: «Y cuando estaba por dar su último suspiro, dijo: Tú, malvado, nos arrancas la vida presente. Pero el Rey del universo nos resucitará a una vida eterna, ya que nosotros morimos por su ley». Un poco más adelante, en el v. 23 (BP), aparece este mensaje de esperanza:

---

[51] La fecha de composición de este libro no puede ser precisada con certeza, aunque podríamos colocar la misma a finales del siglo II o inicios del I a. C. Lo que parece más claro es que la esperanza en la resurrección «en la época de Jesús, ésta -aunque negada por los saduceos- se había convertido en parte integrante de la escatología judía» (CULLMANN, Oscar. *Cristo y el tiempo*. Barcelona, Editorial Estela, 1968, p. 208).

Fue el creador del universo, el que modela la raza humana y determina el origen de todo. Él, con su misericordia, os devolverá el aliento y la vida si ahora os sacrificáis por su ley.

Podemos concluir, por tanto, que la fe en la resurrección no nace en Israel por el miedo a lo desconocido ni como una respuesta a los límites de la vida, sino como el alegato necesario a la aparente pasividad de Dios ante las tremendas injusticias cometidas por los seres humanos. No es el resultado de la curiosidad ni obedece al deseo por sobrevivir en el más allá. Se trata de la vindicación definitiva de Yavé como Señor de la historia y como un Dios que no queda impasible ante el sufrimiento de sus criaturas.

5.3. *Panorama en otros libros intertestamentarios*

Para completar el cuadro anterior es necesario realizar un breve recorrido por algunos de los libros que aparecieron durante esta época. Son como una ventana desde donde observamos cómo van evolucionando y desarrollándose las ideas de ultratumba tanto dentro como fuera del territorio palestino. Esta literatura no era proveniente ni estaba destinada a las élites de la sociedad hebrea, sino que reflejaba las inquietudes, el pensamiento y la fe del pueblo común.

En determinados libros los autores sostuvieron la creencia en la inmortalidad del alma al estilo griego. Por ejemplo, en Sabiduría (también llamado Sabiduría de Salomón siglo I a. C.) se dice que «el cuerpo mortal es lastre del alma y la tienda terrestre abruma la mente pensativa» (Sabiduría 9, 15, BP). Son necesarios aquí unos breves comentarios sobre la influencia griega en el judaísmo.

Durante el tiempo de dominación ptolomea hubo un estrecho contacto entre las tradiciones religiosas de Egipto y Babilonia con las griegas, que a su vez lo hicieron con las judías. De análoga forma a como ocurrió con las iranias durante la dominación persa, este sincretismo egipcio-babilónico-griego no significó un trasvase sin más de ideas hacia el judaísmo, sino que determinadas creencias se tomaron adaptándolas a la fe tradicional hebrea. No se trataban de novedades que partían desde cero, sino de influencias que se aceptaron como propias y se desarrollaron, ya que existían dentro del judaísmo creencias que apuntaban en la misma dirección.

Este influjo fue desigual, siendo superior en la diáspora que en suelo palestino. Ya vimos en el anterior apartado cómo fue la reacción de los piadosos hebreos cuando se quiso erradicar sus propias costumbres y creencias dentro de su tierra.

Si continuamos con el libro de Sabiduría en 8, 19-20 (BP) se dice lo siguiente: «Yo era un niño de buen natural, dotado de un alma buena; mejor dicho, siendo bueno, entré en un cuerpo sin tara».

Es la idea platónica sobre la preexistencia del alma algo, que también aparece en *2 Henoc*, o *Secretos de Henoc*, 10, 7-8 (siglo I d. C. con elaboraciones posteriores). De similar forma encontramos esta visión en *Jubileos* (siglo II a. C.) 23, 31: «Sus huesos descansarán en la tierra, su espíritu se alegrará sobremanera, y sabrá que existe un Señor que cumple sentencia y otorga clemencia a los centenares y miríadas que lo aman».[52]

En *2 Henoc 5* los justos obtienen como lugar de destino el *Paraíso*, que está situado en el tercer cielo, en tanto que en *2 Baruc* (o *Apocalipsis siríaco de Baruc*, de fecha incierta, aunque posiblemente entre el 70 y el 100 d. C.), lo que hay primero es un reino mesiánico en la tierra, pero que no será definitivo ya que le sobrevendrá la eternidad en los cielos.

En *Salmos de Salomón* (entre el 60 y el 50 a. C.) 3, 9-12 son los justos los únicos que volverán a la vida, en tanto que en *el Testamento de los XII Patriarcas* (siglo I a. C.) la resurrección es general:

> Entonces veréis a Henoc, Noé, Sem, Abrahán, Isaac y Jacob resucitados, a la derecha, llenos de júbilo. Entonces resucitaremos también nosotros, cada uno en su tribu. Luego resucitarán todos, unos para la gloria; otros para la deshora. Juzgará el Señor en primer lugar a Israel, por las impiedades contra él cometidas. Luego juzgará también a las gentes. Por medio de los gentiles elegidos reprobará a Israel...[53]

---

[52] Traducción de F. Corriente y A. Piñero en PIÑERO, *Apócrifos del Antiguo y del Nuevo Testamento*, p. 69.
[53] PIÑERO y SEGURA. *El juicio final*, p. 225.

Los libros que procedían del judaísmo helenístico suelen mostrar la dicha del alma separada de su cuerpo en tanto que aquellos de origen palestino muestran la resurrección física en la línea daniélica. Se ha de tener presente que la mayoría de la literatura intertestamentaria fue realizada en Palestina por lo que la idea de la resurrección corporal es la que impera. Pero aun así estamos realmente ante una variedad de cuadros que si los comparamos unos con otros no concuerdan entre sí, aunque en lo que todos estos autores coinciden es que debía existir una vida verdadera tras esta para los justos, el silencio de Dios era solo pasajero.

Georg Fohrer, citado por Küng, hablando del panorama presentado por los apocalípticos dice:

> Fundamental es la portentosa reconstrucción de Jerusalén como ciudad fabulosa, convertida en centro del mundo y del reino eterno de Dios, a la que fluyen riquezas inmensas para uso del templo y de la comunidad salvífica. A esto se suman la paradisíaca fertilidad de la tierra, el crecimiento del pueblo de Israel con numerosos descendientes, la supresión de las dolencias corporales, la longevidad de los hombres (será joven el que muera a los cien años, dice Is 65, 20) hasta la aniquilación de la muerte (también mencionada una vez en Is 25, 8), la inclusión de los justos muertos (pasando por la resurrección) y la paz eterna en el mundo humano y animal. Y, además, los bienes religioso-espirituales de la salvación: la supresión de la culpa, la integridad o impecancia y la consagración de Israel a Yahvé… La participación en la salvación corresponde primeramente a toda la comunidad israelita de la nueva edad. Luego, comúnmente, son admitidos, los otros pueblos (o su resto) formando un segundo círculo; éstos se asocian a Israel en razón de su conversión, de una invitación de Yahvé o como consecuencia de la misión entre ellos… Respecto al ejercicio de la soberanía en este tiempo de salvación, unos creen que el rey será el mismo Yahvé. Pero otros círculos, partidarios aún de la destronada dinastía de David, sostienen que en lugar de Yahvé, y como su mandatario y representante, entronizado por el mismo Yahvé, reinará un rey escatológico de la familia de David. Solo Zac 4 y en parte

la comunidad de Qumrán reparten la dignidad mesiánica entre dos representantes, uno terrenal y otro espiritual.[54]

Otro avance se llevó a cabo cuando el *Seol* fue dividido en dos o más recintos para ubicar a las diferentes categorías de justos e impíos, y así por ejemplo, se habló de *Paraíso, Cielo, Infierno y Gehenna*[55]. Los dos primeros lugares, obviamente, eran reservados para los amados por Dios mientras que los dos últimos para los malvados. Dicho lo cual, el número de estos lugares o estancias, dependiendo del autor apocalíptico, podía reducirse o aumentarse. En *1 Henoc*[56] se dice:

> ¡Ay de vosotros pecadores, cuando morís en vuestro pecado y dicen vuestros iguales: «Bienaventurados los pecadores; han visto cumplidos todos sus días, y ahora han muerto buenamente en riqueza: duelo y asesinato no vieron en sus vidas; con gloria han muerto, sin que se les hiciera juicio en vida»!

> Sabeb que al Sheol bajarán sus almas; mal les irá y su duelo será grande. En tinieblas, prisiones y llama, a gran tormento entrará vuestra alma y grave castigo tendrá por toda la eternidad. ¡Ay de vosotros, pues no tendréis paz! (103, 5-8).

> Os juro, justos, que en el cielo os recordarán los ángeles para bien ante la gloria del Grande, y que vuestros nombres están escritos en la gloria del Grande. Tened esperanza, pues antes habéis sido encarnecidos en maldades y aflicciones, pero ahora brillaréis como las luminarias del cielo. Brillaréis y seréis vistos y las puertas del cielo se os abrirán (104, 1-2).[57]

---

[54] En ¿*Vida eterna?*, pp. 155,156.

[55] El vocablo *Paraíso* es de procedencia persa y es sinónimo de *jardín* o *huerto* que es como en la LXX se traduce al hablar del Edén. Si nos centramos en la literatura apocalíptica, esta alude al lugar en donde están los espíritus de los rectos, idea que es recogida en el Nuevo Testamento como podemos leer, por ejemplo, en Lucas 23, 43.
   En cuanto al *Infierno* como destino para el suplicio parece que es en *1 Enoc* 22, 9-13 donde lo encontramos por primera vez, en tanto que *Gehenna* se puede considerar sinónimo de *Infierno*, el lugar de tormento. En hebreo, de donde proviene, «Ge Hinnon» es «el valle de Hinnon» que era el valle en donde se quemaban los niños como sacrificio al dios Moloc (ver por ejemplo 2 Reyes 16, 3). *Gehenna* también aparece en los evangelios como el lugar de condenación y amargura para los impíos (Mateo 5, 22). A partir del siglo I d. C. *Seol* es designado como *Gehenna* en los textos apocalípticos.

[56] Los dos textos que aparecen a continuación son de inicios del siglo II a. C.

[57] Traducción de F. Corriente y A. Piñero en PIÑERO. *Apócrifos del Nuevo y del Antiguo Testamento*, p. 119.

En el capítulo 11 del libro *Testamento de Abrahán* (entre el 7 y el 30 d. C.) la idea del juicio aparece por medio de dos caminos que llevan a su vez a dos puertas. Por una pasan las almas de los justos, por la otra la de los impíos. Frente a la anchura del camino y la puerta por la que son conducidas las almas de los perversos está la estrechez del camino y la puerta de los piadosos. Claros ecos encontramos en las palabras de Jesús que también hablará de dos puertas en Mateo 7, 13-14.

En *2 Enoc* 13, 52-53 aparece el juicio moral que se llevará a cabo y cómo las acciones de las personas serán pesadas en balanza; en tanto que en *4 de Esdras* 14 (100 d. C.) se presenta el juicio y la resurrección poniéndose de manifiesto tanto las obras de los justos como la de los impíos:

> Y marché, según me mandó, y congregué a todo el pueblo y le dije:
>
> - Escucha, Israel, estas palabras:
>
> Nuestros padres peregrinaron desde el principio en Egipto y de allí fueron librados. Y recibieron la ley de vida que no guardaron, de la misma forma que también vosotros tras ellos la habéis transgredido [...].
>
> Si, pues, domináis vuestro sentido y adoctrináis vuestro corazón, durante la vida seréis guardados y tras la muerte conseguiréis misericordia. Pues vendrá el juicio después de la muerte, cuando de nuevo resucitemos, y entonces aparecerán los nombres de los justos y serán mostrados los hechos de los impíos.[58]

Algunos autores pensaban que el juicio tras la muerte no era definitivo. En el *Apocalipsis de Moisés* o *Vida de Adán y Eva* (siglo I d. C.) los ángeles oran por Adán ya que la posibilidad de cambio era posible.

En los autores apocalípticos normalmente el día del juicio final se lleva a cabo antes de la llegada del reino del Mesías, muy pocos creen que será tras este reino.

---

[58] Traducción de Domingo Muñoz León en PIÑERO, Antonio. *Los apocalipsis. 45 textos apocalípticos, apócrifos judíos, cristianos y gnósticos.* Madrid, Editorial Edaf, 2007, pp. 141, 142.

Como podemos apreciar, en esta época los israelitas están a la espera de la llegada del Reino de Dios que creen inminente. En relación al Mesías las ideas no son claras, en ocasiones hasta contradictorias, y en el caso de determinados libros su figura está ausente.[59] De todas formas, la idea más popular era que Dios usaría al Mesías para inaugurar su reinado.

Tampoco los textos intertestamentarios se ponen de acuerdo en cómo sería este reinado. Así, la mayoría apunta a que se instauraría en esta tierra debidamente restaurada; otros que este período terrenal sería seguido de otro celestial en tanto que los menos lo llevan todo a lugares celestes. Pero dicho lo cual, la idea compartida de cómo aparecería el reinado de Dios es que acaecería tras un cataclismo de dimensiones cósmicas que daría paso a una tierra renovada. Este final estaba cercano, era inminente, se pensaba estar viviendo en las postrimerías de la historia comenzada en Edén.

---

[59] Por ejemplo, en libros como Tobías, Sabiduría de Salomón, Judit o *Jubileos* el Mesías no aparece.

PARTE II

LA VIDA, LA MUERTE Y EL MÁS ALLÁ EN EL NUEVO TESTAMENTO

El contexto histórico y teológico en el cual vivió Jesús y sus primeros seguidores es el que acabamos de presentar. De hecho, si prescindimos del período intertestamentario, sencillamente no es posible comprender los evangelios en particular, ni el resto del Nuevo Testamento en general. Llama la atención el que este lapso entre ambos Testamentos sea tan ignorado por los lectores de las Escrituras lo que frecuentemente provoca comprensiones distorsionadas de aquello que se está considerando.

Las sectas judías, el ambiente de enorme tensión social o las ideas de cielo e infierno, por ejemplo, son incomprensibles e incomprendidas si no hemos realizado un esfuerzo por acercarnos al tiempo que medió entre Testamentos. Es por ello que en la primera parte del presente libro se haya incluido este período, subsanando así este olvido clásico en determinados ambientes.

Por la literatura judía que hemos considerado se aprecia que había una gran diversidad de creencias sobre la vida tras esta vida. Puede llamar la atención el que existieran tantas divergencias, pero esto no debe desorientarnos del punto principal: la irrupción con toda su intensidad de la idea de la resurrección. Por otra parte, Jesús va a colocar orden, dará a conocer ciertas novedades y presentará una posición más calmada y seria. El Galileo no era un típico apocalíptico henchido de presagios alarmistas ni un profeta iluminado que navegaba en la indefinición y la fantasía desbordada como la que aparece en muchos de los textos que hemos considerado. Una simple comparación sirve para poner esto de manifiesto, aunque es evidente que, como ya hemos hecho notar,

> Jesús y los primeros cristianos, sin duda, debieron también vivir inmersos en ese ambiente espiritual que se formaba tanto por la continua lectura del Antiguo Testamento como por los comentarios de la escuela y la sinagoga, que bebían de este tipo de literatura seudónima, casi sagrada.[60]

En la sociedad contemporánea de Jesús la idea común sobre qué esperar tras la muerte había sido tomada del libro de Daniel. Este texto había conformado la escatología palestinense y se pensaba que la resurrección corporal de los justos se produciría al final de los tiempos.

Si retrocedemos unas décadas, la independencia territorial israelita conseguida finalizó con la entrada en escena de la poderosa Roma. En el 63 a. C. Pompeyo conquistó Jerusalén y el brazo de hierro romano dará un golpe decisivo en la guerra del 66 al 70 d. C. derribando además el templo.

La dominación romana no podía haber comenzado peor. Pompeyo entró en Jerusalén el día sagrado de los judíos, el sábado, llegando hasta el mismo templo y entrando al lugar más sagrado. Esto supuso una infamia enorme para la religiosidad judía, de nuevo el templo era profanado.

El judaísmo palestino vivió este tiempo como algo contrario a lo que Dios quería para ellos, aunque el pensamiento apocalíptico reinante y la creencia en la resurrección personal al final de los tiempos proveían otra visión de la historia. Al igual que los antiguos macabeos y sus fieles seguidores, ahora también Dios vindicaría a sus fieles. Esta fidelidad se podía manifestar de varias formas tal y como ya observamos dentro de la pluralidad de creencias que existía en el seno del judaísmo. Pero esta diversidad, como se puede apreciar en las diferentes

---

[60] PIÑERO, Antonio. *Apócrifos del Antiguo y del Nuevo Testamento*, p. 31.

sectas, tenía en común elementos esenciales, de tal forma que aquellos insurrectos que finalmente llevaron al judaísmo palestino al desastre del año 70 d. C. estaban

> movidos por las esperanzas escatológicas, la cuestión del plazo final fue un tema capital; era habitual el cómputo con determinadas fechas y especialmente con arreglos a «jubileos» y años «sabáticos», y era general la creencia de que la historia caminaba a su fin.[61]

Es evidente que dos mil años después, esta idea de que se está a un paso de ver el «regreso» de Cristo o el deleite por calcular una posible fecha del mismo no se ha perdido y los errores y las enseñanzas disparatadas siguen acumulándose.

---

[61] MAIER, Johann. *Entre los dos testamentos*, p. 216.

CAPÍTULO 6

Jesús y los evangelios

6.1. Jesús en su tiempo

Jesús, como hombre, fue un judío de su tiempo y su antropología, cómo no, era la hebrea. Aunque hablara en ocasiones de la «carne» o del «alma» era para hacer alusión a la persona al completo. De igual forma sucedía cuando se refería a la otra vida utilizando para ello el vocabulario y las imágenes propias de la apocalíptica palestinense.

En claro contraste con los titubeos, contradicciones, progresos y regresiones del pasado, la vida futura era central en su mensaje y presentada con total nitidez. «El reino, la vida, la vida eterna, la pascua definitiva, el banquete escatológico: otras tantas imágenes y expresiones a través de las cuales se afirma, como algo lógico, la perspectiva de una vida futura, de un más allá después de la muerte».[62] Hablándoles a sus discípulos les dijo: «Por eso, yo mismo les concedo un reino, así como mi Padre me lo concedió a mí, para que coman y beban a mi mesa en mi reino, y se sienten en tronos para juzgar a las doce tribus de Israel» (Lucas 22, 29-30, NVI).

---

[62] GOURGUES, *El más allá en el Nuevo Testamento*, p. 8.

De entre las *sectas* judías será la farisea la que heredará la concepción de Daniel y los macabeos. Frente a ellos estaban los saduceos que no creían en la resurrección. Jesús se colocó en la corriente farisea que sostenía una resurrección al final de los tiempos con un tiempo intermedio y provisional en el *Paraíso*.

Flavio Josefo[63] viene a corroborar los datos que aparecen en el Nuevo Testamento sobre los fariseos y los saduceos (Marcos 12, 18; Hechos 23, 6-8). También nos informa sobre otra secta que no se menciona en los evangelios como es la de los esenios, y así en *Antigüedades de los judíos* apunta que

> Los saduceos enseñan que el alma perece con el cuerpo; y se limitan a la observancia de la ley. (…) Los esenios consideran que todo debe dejarse en las manos de Dios. Enseñan que las almas son inmortales y estiman que se debe luchar para obtener los frutos de la justicia.[64]

En la conocida controversia con los saduceos (Marcos 12, 18-27) Jesús interpretó Éxodo 3, 6a («Yo soy el Dios de tu padre. Soy el Dios de Abraham, de Isaac y de Jacob», NVI) como que este Dios lo era de vivos y no de muertos (v. 27).

Parece que los saduceos admitían como Escritura con plena autoridad únicamente los cinco libros atribuidos a Moisés y rechazaban toda tradición oral e influencias posteriores como era la propia creencia en la resurrección. Fue precisamente de uno de estos libros de donde Jesús tomó la anterior cita para afirmarla. Si Yavé era el Dios de aquellos patriarcas lo era porque los mismos debían estar vivos, existía una comunión real y plena entre ellos.

Si el pensamiento de Jesús hubiera estado fuertemente influenciado por el helenismo no habría sido necesario hablar en todo momento de resurrección, hubiera bastado con decir, por ejemplo, que las almas de los patriarcas estaban junto a Dios. Afirmar que una persona estaba viva al lado del Dios vivo significaba, por un lado, que su existencia no estaba encerrada en el *Seol* y, por el otro, que esperaba la resurrección de su cuerpo en el futuro. Pero además, que este «estado

---

[63] *La guerra de los judíos*. Tomo I, Terrassa, Barcelona, CLIE, 1988b, pp. 223-224.
[64] *Antigüedades de los judíos*. Tomo III, Terrassa, Barcelona, CLIE, p.227.

intermedio»[65] en el que ahora estaban si bien era provisional se trataba de una vida plena.

En la parábola del Rico y Lázaro (Lucas 16, 19-31) el justo Lázaro fue llevado al *seno de Abrahán* en tanto que el rico al *Hades* (que es en griego el *Seol* hebreo, vv. 22, 23).[66]

El *Cielo* era la morada de los dichosos (Mateo 5, 3) ya que se trataba del lugar propio de Dios. Para describir el mismo se usa el lenguaje simbólico, analógico, que es del que dispone el ser humano para hablar de aquello que desconoce, de lo que está fuera del mundo de los sentidos.[67] Hablar del cielo también evoca la distinción entre ser humano y Dios, tierra y cielo, lugares y existencias diferentes, pero hemos de tener presente que no se trata de un lugar físico, sino de un estar con Dios. Es la comunión plena y sin restricciones, un estado eterno de dicha, entre la persona y el Creador amoroso ya que «... el cielo no es un lugar hacia el que vamos, sino la situación de cuantos se encuentran en el amor de Dios y de Cristo. Por eso el cielo ya está aconteciendo aquí en la tierra...».[68]

Otra forma de denominar este lugar es *Paraíso,* tal y como aparece en Lucas 23, 43, texto en el cual también tenemos otra designación como es *seno de Abrahán*, ya que «... el *cielo* y el *paraíso* son un mismo lugar, y no dos diferentes. Y otro tanto se puede decir del *seno de Abraham*...».[69]

Esto último evocaba la idea de los banquetes orientales en donde los comensales se encontraban reclinados, lo que hacía que el situado a

---

[65] Ver más adelante la nota al pie número 77 dedicada a comentar brevemente este concepto.

[66] Algunos autores sostienen que en el Nuevo Testamento es en el *Hades* o *Seol* donde están las almas de los impíos esperando el juicio condenatorio. Sería un lugar de tránsito para los perdidos (un estado intermedio) esperando así su destino definitivo tras el juicio. Este destino, obviamente, es el infierno, en donde al presente no habría nadie (ver BLANCHARD, John. ¿Qué ha pasado con el infierno? Ciudad Real, Editorial Peregrino, 2002, pp. 50-55; 108-109; 178. También CHAN, Francis, y SPRINKLE, Preston. ¿Eliminamos el infierno? Florida, Casa Creación, 2011, pp. 34, 121). De análoga forma habría una diferencia entre el *Paraíso* y el *Cielo*, siendo así el primero el lugar provisional para los justos (un estado intermedio) hasta la resurrección final corporal y su paso al cielo (ver BLANCHARD. ¿Qué ha pasado con el infierno?, pp. 109, 118).
Dicho lo cual no estamos de acuerdo con todas estas sutiles distinciones y la multiplicación de lugares o estados como se pone de manifiesto con lo que decimos a continuación.

[67] En el Antiguo Testamento, por ejemplo, se presenta el Cielo como el lugar de habitación de Dios y es allí donde tiene su palacio y trono (1 Reyes 8, 30; Job 23, 3).

[68] BOFF, Leonardo. *Hablemos de la otra vida*, p. 75. No obstante comprobamos las dificultades que entraña hablar de estas realidades que nos superan y no se puede evitar, cuando por ejemplo aludimos al cielo, que vocablos como «lugar» o «destino» (con la idea de desplazamiento espacial) se cuelen. El mismo lenguaje nos traiciona.

[69] HENDRIKSEN, William. *La Biblia sobre la vida venidera*, p. 64.

la derecha estuviera en el «seno» del anfitrión. Debemos tener mucho cuidado en no caer en la literalidad de este tipo de textos ya que esta parábola no busca darnos una descripción del más allá, sino presentarnos una enseñanza central, advertirnos del peligro de las riquezas.

En claro contraste, se habla del *Seol* o *Hades* que es donde estaba el rico. De esta forma, comprobamos cómo *Seol* ya había pasado a ser sinónimo de lugar de castigo, de *infierno* o sus sinónimos. Al mismo se le llama «horno encendido» en Mateo 13, 42 y «abismo» en Lucas 8, 31, que es en donde están los demonios. La forma habitual de mencionarlo en los Evangelios es *Gehenna*.

6.2. El sentido de la vida para Jesús

Para el Maestro de Galilea la vida fue dada por Dios. Es un regalo y por tanto hay que regocijarse en sus bondades. Por eso es que asiste a bodas, no desecha ningún alimento por ser considerado impuro y disfruta de la amistad, del contacto humano. Las dificultades por las que pasan las personas, las presiones y el dolor, no las considera como castigos divinos, sino todo lo contrario, provienen del Maligno.

De esta forma, conecta con las tradiciones más primitivas de Israel que veían como una bendición esta tierra, lo que provenía de ella, pero aclara que en esta vida se ríe y se llora porque a pesar de ser un mundo creado perfecto por Dios, se sufren las consecuencias del pecado. Ya no se puede considerar que las enfermedades, la esterilidad o las muertes prematuras son castigos divinos. La cosmovisión de la vida llega así a lo más alto de su desarrollo. Con Jesús se da el paso definitivo, una nueva espiritualidad aparece.

Cualquier idea sobre Dios que pretendiera parcelar la vida, hacer del ser humano una especie de experimento divino, es considerada falsa por el Galileo. La casuística salta por los aires.

El lugar santo por excelencia para los judíos era el templo y este estaba dentro de la ciudad santa, Jerusalén. Allí se creía que se manifestaba literalmente Dios y a donde había que acudir para adorarlo. Jesús, en una aparente sencilla conversación con una mujer samaritana, cambió radicalmente esta idea. Dirá que ni el monte Garizín, lugar santo para los samaritanos, ni Jerusalén son los espacios en donde los verdaderos adoradores van para llevar a cabo esta actividad. De hecho, no importa el lugar, lo relevante es cómo se haga, esto es en «espíritu y en verdad».

Es cierto que en un momento dado Jesús dijo que el templo era un lugar de oración, pero en otro profetizó su caída. Tanto la oración como la adoración debían provenir de un corazón restituido por la gracia. Dios estaba en todas partes, no había que ir a un determinado lugar para encontrarlo, Él era omnipresente. Para el Galileo el sábado fue hecho por causa del hombre y no el hombre por causa del sábado. Dios no era menos Dios el martes que el sábado o el lunes que el domingo.

Tampoco consideraba que hubiera personas sagradas. Un sacerdote o un levita no eran más santo que otro ser humano cualquiera. Es más, Jesús se moverá entre las prostitutas y los «pecadores». El Reino de los Cielos era para los que se hacían como niños, y son todas esas personas despreciadas por los «justos» las que iban delante de ellos.

En cuanto a algunas leyes consideradas como santas en el Antiguo Testamento, Jesús las incumple si estas atentaban, de una forma u otra, contra el ser humano. Es a este al que coloca en el centro y desplaza de esta forma los aspectos legales y la liturgia tan primordiales y centrales en el anterior pacto.

Tocó a enfermos, a leprosos, a difuntos, lo que implicaba su contaminación ceremonial, pasaba a ser impuro, ya no podía tener comunión con Dios -según se pensaba- ni participar de los actos religiosos hasta que no se purificara. Pero él dirá que su comunión era imposible que se cortara con su Padre, que la maldad no se trasmitía por no cumplir tal o cual ley de carácter externo, sino que la misma estaba incrustada, salía del interior del ser humano. Era una denuncia en toda regla de los excesos y abusos cometidos en nombre de la religión, la voz de los profetas radicalizada.

Por si fuera poco, se saltó el día de reposo sanando a enfermos crónicos. Debido a esta forma de entender la fe se fue ganando enemigos, pero a la par, entre los desclasados, los marginados y los desechados fue siendo cada vez más admirado.

Para Jesús, Dios era el creador de la vida, de la inteligencia, de los sentimientos, de las flores, de todo. Le gustaba verse rodeado de niños, quería estar en compañía de los suyos. Sus parábolas hablaban del quehacer diario de las personas, de sus labores rutinarias, y era allí, en cada momento, que Dios estaba presente.

La vida eterna así entendida no es un escape de la presente, sino la santificación de la misma. No somos almas que incorpóreamente irán a habitar junto al Creador, y mientras esto ocurre, pues debemos pasar del mejor modo posible el tiempo. Todo lo contrario, somos personas que en su totalidad deben vivir los valores del Reino aquí y ahora, y no hay valor más supremo que el amor.

En claro contraste, como ya hemos apuntado, el Galileo atribuirá el mal y el sufrimiento a la actividad demoníaca y al libre albedrío humano. Esa concepción de Dios que lo concebía como estando detrás de cuanto acontecía, y que era propia del Antiguo Testamento, no encajaba con Jesús. El Padre era un Dios bueno y la ceguera de nacimiento no era un castigo por ningún pecado cometido (Juan 9, 1-3). Hay que reclamar a Jesús como el centro de toda la Escritura, el eje sobre el que toda la revelación pivota.

Jesús se consideraba la verdadera Vida que podía ser experimentada en esta existencia. Es desde esta comprensión que el Galileo dará cumplimiento a toda la profecía veterotestamentaria, a la tradición mesiánica, y será la respuesta definitiva a la corriente apocalíptica.

El ideal evangélico del «negarse a sí mismo» para conseguir la «vida eterna» es una idea revolucionaria de Jesús, que supone la retribución en ultratumba, ya comúnmente admitida en los círculos religiosos judaicos; pero los rabinos creían comprar el derecho a la «vida eterna» cumpliendo fielmente con los preceptos de la Ley mosaica sin tensión de superación espiritualista al modo del «santo» cristiano; para ellos la vida debe vivirse con intensidad en sus satisfacciones materiales, pero dentro de las limitaciones de la Ley, que es expresión de la voluntad divina; pero Jesús dice a sus seguidores que si la «justicia» o ideal de perfección no es superior a la de los escribas y fariseos (a ras de tierra y en legalismo cerrado y esterilizante), no podrán entrar en el Reino de los cielos (Mt 5,20).[70]

---

[70] GARCÍA CORDERO, Maximiliano. *La esperanza del más allá a través de la Biblia*. Salamanca, Editorial San Esteban, 1992, p. 18.

Con su muerte la puerta a la vida tras esta vida quedó abierta. Con su resurrección se confirmaba que el piadoso israelita no había creído en falso. La resurrección corporal del Maestro al tercer día[71] fue una realidad, había lugar para la esperanza.

Con la muerte y resurrección de Jesús se iniciaban los últimos tiempos, él era el representante de Israel, el cumplidor de la perfecta voluntad divina y el que comenzó una nueva etapa en la historia de la humanidad.[72]

6.3. La fantasía desbordante del cristianismo actual

Sin duda, Jesús compartía la visión apocalíptica de su entorno, pero no podemos considerarlo como un apocalíptico más. Diferencias muy significativas ya han sido apuntadas, pero existen otras de no menos calado. Entre ellas está el hecho de que no especificó dónde estaría el Reino de Dios, no se dedicó a describir cómo sería el mismo ni cuáles las etapas concretas para su implantación y, ni mucho menos, describió el momento exacto cuando todo esto ocurriría. Además su denuncia

---

[71] Cierta línea teológica ha visto este dato como un agregado cristiano posterior, en tanto que no pocos creyentes han recurrido a los cálculos rabínicos para contar tres días desde el viernes por la tarde hasta el domingo en la mañana. Pero esta expresión podría tener un sentido escatológico, y así sería una referencia al final de los tiempos iniciados con la muerte y resurrección de Jesús.
Daniel Marguerat nos dice que el «Que haya sido levantado *al tercer día conforme a las Escrituras* nos sorprende un poco. ¿Qué Escrituras anuncian esto? Parece que la datación se haya construido a partir de un texto de Oseas, del siglo VIII antes de JC. En un oráculo, el profeta cita la convicción del pueblo de que la ira de Dios contra ellos no durará: *Nos dará la vida después de dos días; en el tercer día nos resucitará, y viviremos delante de él* (Os 6,2).
El tercer día no es, pues, una fecha del calendario, sino el símbolo del escaso tiempo que necesitará Dios para dar seguridad a su pueblo. Ahora bien, la traducción griega de este texto, en el siglo II antes de JC, dice: *Al cabo de dos días nos santificará al tercer día nos exaltará, y viviremos en su presencia.* Y en un comentario rabínico (citado por el Tárgum de Jonatan), el texto se convierte en *Nos hará (re)vivir en los días de las consolaciones que han de venir; en el día en que él hará (re)vivir a los muertos y nos exaltará, y viviremos en su presencia.*
... En la época de Jesús, la profecía de Oseas era leída como un anuncio del fin de los tiempos» (*Resurrección. Una historia de vida*. Madrid, Fliedner ediciones, 2012, pp. 49, 50).

[72] Se ha de diferenciar lo singular y único de la resurrección de Cristo de lo que son simples reanimaciones como ocurrió en los casos de Lázaro y del hijo de la viuda de Naín (Juan 11, 1-44; Lucas 7, 11-17 respectivamente). En Jesús se trató del levantamiento de la tumba de su cuerpo para pasar a una nueva existencia no perteneciente a este mundo material sujeto a corrupción y muerte. Lo que ocurrió con Lázaro y el hijo de la viuda se trataron de reanimaciones o resucitaciones, esto es una vuelta a la vida presente, lo que significaba que tendrían que morir de nuevo y esperar a la resurrección definitiva.

social conectaba con los profetas veterotestamentarios haciéndola central en su mensaje.

Esta forma de actuar tiene un fuerte contraste con la imaginación desbordada de no pocos creyentes que, posiblemente sin saberlo, se colocan fuera de las enseñanzas de Jesús y se identifican con un tipo de literatura que no se considera canónica por nadie. Pero, por si no fuera ya suficiente, ni siquiera sus creencias encajarían con los apócrifos o pseudoepígrafos palestinenses, sino con aquellos que poseen una fuerte influencia helénica. Estos cristianos piensan que tras el fallecimiento serán una especie de almas eternas que van de acá para allá alabando a Dios en medio de las nubes en un cielo sin relación alguna con la presente realidad.

Toda esta fantasiosa concepción marca un estar aquí en la tierra que tiene graves consecuencias. Este tipo de «apocalipticismo» hace que la vida en nuestro globo sea un mero trámite, se vive esperando un supuesto rapto que podría llegar en cualquier momento. Por medio de una visión dualista de la moral se divide lo que es santo de lo que se considera pecaminoso. Han decidido aislarse de un mundo que necesita con urgencia un rayo de esperanza, manos que comiencen a restaurar lo caído, a sanar lo enfermo.[73]

El cristiano debe ser el primero en protestar y denunciar el agotamiento de los recursos naturales o el maltrato animal. Su llamado es a realizar todo lo que esté a su alcance para equilibrar la balanza entre los que más tienen y los que mueren de hambre. No es cierto que el progresivo deterioro de nuestro planeta sea una señal de la pronta manifestación de Jesús y que por tanto hasta debemos alegrarnos por ello. Esto podría sostenerlo algunos apocalípticos del tiempo de Jesús, pero no Jesús. Su cosmovisión de la vida iba en sentido contrario, practicar

---

[73] Y es que una persona sin esperanza ha llegado al final de su vida. Si no hay nada por lo que esperar, si no existe un aliciente, una meta o una razón por la que permanecer en esta tierra solo es cuestión de tiempo para que acabe con su vida. Zygmunt Bauman magistralmente, y de manera complementaria, llama la atención a que «Tan inevitablemente como el agua surge de la coincidencia entre el oxígeno y el hidrógeno, la esperanza se concibe cuando se encuentran la imaginación y el sentido moral. Como memorablemente expuso Ernst Bloch, antes que *homo sapiens* (una criatura que piensa), el hombre es una criatura *esperanzada*... Del mismo modo que el mundo exterior debe probar su inocencia ante el tribunal de la ética (y no al revés), la esperanza no reconoce (ni tiene por qué reconocer) "la jurisdicción de lo que meramente es". Corresponde a la realidad explicar por qué no estuvo a altura del criterio de adecuación fijado por la esperanza» (*Vida líquida*, p. 199).

la justicia y cuidar de nuestro entorno como anticipación del Reino de Dios entre las personas.

La concepción que tengamos sobre el más allá es la que realmente marca una diferencia en el más acá, por eso es tan importante. Es a lo que se pretende llamar la atención con este libro, denunciando a la vez las fantasiosas ideas que desvirtúan el mensaje original de Jesús y hace del cristianismo una caricatura, alejándolo así del hombre contemporáneo.

CAPÍTULO 7

El resto del Nuevo Testamento

7.1. En la comunidad primitiva

La creencia en la resurrección es la clave de todo, lo único que pudo demostrar y autentificar las pretensiones del Galileo. De esta forma, se interpretó como que toda la historia hebrea anterior se había cumplido en él, los tropiezos, los retrocesos y los errores de este pueblo fueron resueltos y superados con y por Jesús. A partir de entonces, con la aparición del cristianismo, ya no se mirará más hacia adelante esperando a que Dios actúe, a que se manifieste. La dirección será la opuesta, la atención se dirigirá a un evento en el pasado, Jesús levantado de entre los muertos, realidad que a la vez apuntará a otra todavía pendiente, su manifestación futura.

Debemos tener muy presente que si bien la resurrección era, de forma general, plenamente aceptaba, la misma se llevaba al final de los tiempos que es cuando se efectuaría de manera colectiva. Decir que Jesús se había levantado de entre los muertos significaba que estos últimos tiempos habían comenzado, y que los mismos habían sido inaugurados por alguien que se había «adelantado» al gran evento final.

Esto era una enorme novedad, algo absolutamente inesperado por sus seguidores y contrario a lo que se creía entonces.

No pocos especialistas han visto aquí el punto central por el cual cualquier intento de comprensión de la fe cristiana debe comenzar. No les falta razón. No se trata del lugar de llegada, sino el de partida y estamos de acuerdo con el escritor japonés Shūsaku Endō cuando apuntando a este hecho y pregunta:

> ¿Cómo consiguieron aquellos cobardes discípulos una fe tan arraigada después de que Jesús hubo muerto? ¿Cómo es posible que un hombre tan ineficaz según los criterios del mundo, que había echado por tierra los sueños de sus discípulos, llegara después a ser divinizado por éstos? Son dos preguntas que siempre inquietarán a quienes lean el Nuevo Testamento, aunque los exégetas apenas si aluden a ellas, a pesar de todas sus teorías de la historia de las formas e historia de la redacción. En otras palabras: dan la impresión de que son capaces de todo menos de responder a estas preguntas fundamentales que hacen que el Nuevo Testamento sea lo que realmente es; o bien, a lo más que llegan es a ofrecer unas soluciones que no soportan el más mínimo análisis.[74]

Para Pablo, como para el resto de los discípulos originales, la resurrección corporal de Jesús era la clave y el sustento de la nueva fe. Si la resurrección no se había dado todo lo demás era falso (1 Corintios 15, 3-18).

La convicción de los primeros creyentes y de la iglesia primitiva en la vuelta a la vida de Jesús marcó el inicio de una nueva era. Era la vindicación de Jesús por parte de Dios Padre y lo que hizo que el ánimo y las vidas de aquellos creyentes originales cambiaran para siempre. A partir de entonces (con la asistencia del Espíritu Santo) será la proclamación de la vida y de la obra de Cristo el propósito para el que piensan han sido escogidos ya que, además, estaban completamente seguros de que la resurrección de Jesús era la garantía de la suya propia (ver Hechos 2, 16-38). En Colosenses 1, 18 se le llamará el «primogénito de entre los muertos».

---

[74] ENDŌ, Shūsaku. *Jesús*. Madrid, Espasa Calpe, 1996, p. 232.

Es por ello por lo que la comprensión del concepto sobre la vida tras esta vida es esencial para el entendimiento e interpretación de las Escrituras, es más, sin ella no podemos siquiera dar razón de nuestras propias vidas como cristianos.

7.2. La evolución en Pablo

En los escritos paulinos tenemos algunas particularidades que se van apreciando dentro de una evolución en su pensamiento. La noción predominante en los primeros años tras la resurrección de Jesús era que *la parusía* ocurriría de forma inminente. Con esta *manifestación* de Cristo se produciría la resurrección general. Tal era esta convicción que algunos habían dejado de trabajar yendo de casa en casa ya que, sostenían, el regreso de Cristo se daría en cualquier momento.

Estando entre vosotros os inculcamos ya esta norma: el que no quiera trabajar, que tampoco coma.

Y es que nos hemos enterado de que algunos viven ociosamente entre vosotros: en lugar de trabajar, se entrometen en todo (2 Tesalonicenses 3, 10-11, BLP).

Un poco antes, en 1 Tesalonicenses,[75] se recoge la preocupación de algunos creyentes al ver que los años iban pasando, que ya habían fallecido algunos cristianos, y Jesús seguía sin manifestarse. Para tranquilizarlos Pablo escribirá lo que se recoge en 4, 13-18 (LBLA):

Pero no queremos, hermanos, que ignoréis acerca de los que duermen, para que no os entristezcáis como lo hacen los demás que no tienen esperanza.

Porque si creemos que Jesús murió y resucitó, así también Dios traerá con él a los que durmieron en Jesús.

Por lo cual os decimos esto por la palabra del Señor: que nosotros los que estemos vivos y que permanezcamos hasta la venida del Señor, no precederemos a los que durmieron.

---

[75] Carta escrita entre los años 50-52 d. C.

Pues el Señor mismo descenderá del cielo con voz de mando, con voz de arcángel y con la trompeta de Dios, y los muertos en Cristo se levantarán primero.

Entonces nosotros, los que estemos vivos y que permanezcamos, seremos arrebatados juntamente con ellos en las nubes al encuentro del Señor en el aire, y así estaremos con el Señor siempre.

Por tanto, confortaos unos a otros con estas palabras.

Parece que el mismo apóstol Pablo pensaba que estaría vivo cuando Cristo regresara, pero coloca un orden de acontecimientos que se darían. De esta forma, lo primero sería la resurrección del cuerpo de los que ya habían fallecido en Cristo, y después serían arrebatados los que todavía estuvieran vivos (v. 17). Pero ahora bien, este texto no está hablando de que estos creyentes «raptados» desaparecerían de la tierra e irían con Cristo a los cielos, sino que el movimiento va en dirección contraria. Es Cristo el que llega a la tierra, o mejor, el que manifiesta su presencia,[76] y esta *parusía* es para llenar nuestro mundo de esta su presencia con todos sus escogidos. Es lo que popular e inexactamente se conoce como «segunda venida», de lo que aquí se está tratando, y no de ningún rapto de los justos y de su desaparición y permanencia en los lugares celestes. Todo se relaciona con la inauguración de los tiempos mesiánicos, con la instauración del Reino de Dios entre nosotros, lo que lleva aparejado la resurrección y la transformación en un instante de los creyentes todavía vivos.

Unos años más tarde Pablo escribirá 1 Corintios (en el año 56 o 57 d. C.). A lo largo del capítulo 15 de esta carta va tocando diferentes aspectos de lo que supondrá la resurrección para los cristianos de tal

---

[76] La palabra griega «parusía» puede traducirse tanto por «presencia» como por «venida» teniendo un significado técnico en el mundo del Nuevo Testamento. Pero a lo aquí queremos llamar la atención es que cuando traducimos por «venida» pudiera parecer que Cristo está «ausente», que se marchó y ya llegará el momento de su regreso. Este concepto espacial es un error al que se le añade el pensar que no está entre nosotros, al menos no de forma plena, sino por medio del Espíritu. Lo que realmente sucederá llegado el tiempo es que Jesús aparecerá (epifanía), esto es que hará visible su presencia (parusía) ya que siempre estuvo en nuestro mundo, en medio y por sobre toda su creación, no vendrá desde ningún lugar.

forma que en 15, 35-49 (NVI) habla del tipo de cuerpo que tendrán los resucitados, lo que es una importante novedad.

Tal vez alguien pregunte: ¿Cómo resucitarán los muertos? ¿Con qué clase de cuerpo vendrán? ¡Qué tontería! Lo que tú siembras no cobra vida a menos que muera. No plantas el cuerpo que luego ha de nacer sino que siembras una simple semilla de trigo o de otro grano. Pero Dios le da el cuerpo que quiso darle, y a cada clase de semilla le da un cuerpo propio. No todos los cuerpos son iguales: hay cuerpos humanos; también los hay de animales terrestres, de aves y de peces. Así mismo hay cuerpos celestes y cuerpos terrestres; pero el esplendor de los cuerpos celestes es uno, y el de los cuerpos terrestres es otro. Uno es el esplendor del sol, otro el de la luna y otro el de las estrellas. Cada estrella tiene su propio brillo. Así sucederá también con la resurrección de los muertos. Lo que se siembra en corrupción, resucita en incorrupción; lo que se siembra en oprobio, resucita en gloria; lo que se siembra en debilidad, resucita en poder; se siembra un cuerpo natural, resucita un cuerpo espiritual. Si hay un cuerpo natural, también hay un cuerpo espiritual. Así está escrito: «El primer hombre, Adán, se convirtió en un ser viviente»; el último Adán, en el Espíritu que da vida. No vino primero lo espiritual sino lo natural, y después lo espiritual. El primer hombre era del polvo de la tierra; el segundo hombre, del cielo. Como es aquel hombre terrenal, así son también los de la tierra; y como es el celestial, así son también los del cielo. Y así como hemos llevado la imagen de aquel hombre terrenal, llevaremos también la imagen del celestial.

Como buen judío seguía pensando en términos físicos, nada que ver con la idea platónica de la liberación del alma de su prisión corporal. O la resurrección era corporal o no lo era en absoluto.[77]

---

[77] Aquí debemos comentar brevemente lo que se ha llamado el «estado intermedio». Si la resurrección corporal es algo futuro, surge la cuestión de cómo perviven durante este tiempo los ya fallecidos en Cristo (cf. Filipenses 1, 23; 1 Tesalonicenses 5, 10). Si han de recibir un cuerpo glorificado y definitivo, ¿tienen alguno provisional al presente?
Algunos han sostenido la *dormición de las almas* y así, en el momento de fallecer, los creyentes pasan o quedan como en un sueño hasta el mismo momento de la resurrección. Es como un cerrar y abrir de ojos para ellos, como si no hubiera ningún tiempo intermedio ya que el que así duerme no se percata de nada.

Si continuamos, llegamos a la carta a los Filipenses escrita entre los años 60-63 d. C. Aquí apreciamos un cambio significativo en Pablo. En 1, 21-24 (BLP) habla claramente de que desea morir y así estar con Cristo. En estos momentos estaba preso en Roma, ya habían pasado unos treinta años desde su conversión y la posibilidad de ver el regreso de Cristo parece esfumarse.

Porque Cristo es la razón de mi vida, y la muerte, por tanto, me resulta una ganancia. Pero el vivir en este mundo me ofrece la ocasión de una tarea fructífera, no sabría qué elegir.

Ambas cosas me presionan: por un lado, quiero morir y estar con Cristo, que es, con mucho, lo mejor; por otro lado, vosotros necesitáis que siga en este mundo.

Esta dormición de los ya fallecidos, tanto por las creencias del judaísmo que compartían los escritores del Nuevo Testamento como por las propias palabras de Jesús al ladrón arrepentido en Lucas 23, 43, tiene difícil encaje. Recordemos que Jesús también pasó un tiempo sin su cuerpo resucitado y no hay nada que nos indique que agotó este tiempo como en un sueño.

El más destacado de los textos neotestamentarios sobre el «estado intermedio» está en 2 Corintios 4, 16-5, 1-10. Maximiliano García dice al respecto: «Así, pues, el apóstol proclama aquí una situación provisional e intermedia de vida feliz sin el cuerpo en compañía de Cristo (v. 8); es decir, el apóstol supone que después de la muerte queda un sustrato personal no corporal en el ser humano, que es capaz de gozar de la presencia del Señor, aunque en espera de recuperar el cuerpo glorificado y 'espiritual' cuando llegue la resurrección (1 Cor 15, 44)...» (*La esperanza del más allá a través de la Biblia*, p. 253).

De esta forma, podemos apreciar aquí la influencia helenística en Pablo al apuntar este la posibilidad de la existencia de las «almas» sin cuerpo, pero a la par se distancia totalmente de esa visión, ya que no considera el cuerpo como algo negativo, todo lo contrario. Este influjo en Pablo no es un agregado más o un suplemento independiente, sino que el mismo ha sido adaptado de forma natural a sus creencias judías. Acusar al apóstol de platonismo, como algunos han hecho, por sustentar esta doctrina nos parece desmedido. No se trata, por tanto, de una modificación significativa de la fe tradicional del apóstol, sino de la asimilación de estas influencias dentro del marco de esa fe.

En este estado intermedio la persona puede gozar y existir en plenitud mientras espera la llegada de la resurrección. Vive en una total comunión con Dios y más allá de esto poco se puede agregar por el silencio bíblico existente.

Una interesante posición es la que sostiene Jürgen Moltmann (*La venida de Dios*, p. 202; pp. 258-259) cuando hace una distinción entre resurrección *de* los muertos y resurrección de *entre* los muertos. La primera aludiría a la resurrección general, escatológica y final en donde no estarían incluidos los creyentes, ya que estos resucitarían en el mismo momento de la muerte, de *entre* los muertos. Jesús fue de esta forma resucitado no *de* los muertos, sino de *entre* los muertos. Algunos pasajes hablan así también de los creyentes (Lucas 20, 25; Filipenses 3, 11).

Leonardo Boff (*Hablemos de la otra vida*, pp. 44-47) también va en esta línea ya que para este autor separar en el ser humano lo indivisible no es posible. Por tanto, en el mismo momento del fallecimiento la persona resucita para así vivir plenamente en la nueva realidad. A la muerte el cadáver quedaría atrás y la persona recibiría un cuerpo nuevo, glorificado. Pero esta resurrección todavía no puede considerarse como un proceso completo, ya que es parte de un movimiento mayor como es la renovación de todo el universo.

El apóstol no tiene dudas de que Jesús está vivo, de que los creyentes ya están unidos a esa resurrección por medio del bautismo, pero el posible regreso inminente de Cristo ya no está en primer plano. Sencillamente toca vivir la fe desde la responsabilidad, la santidad, extender el Reino hasta donde sea posible, y cuando llegue el momento morir en Cristo.

Muy lejos de la angustia que aparecía reflejada en no pocos textos veterotestamentarios, ahora la muerte tiene para el creyente una dimensión positiva. Ello se debe a que, como dice Rahner hablando de la muerte de Cristo,

Lo peculiar de su muerte no consistió tanto en que murió, en un sentido general y vago, con amor, rendimiento y obediencia, a la manera como en sentido corriente se sufren o cumplen otros acontecimientos con espíritu recio y debidas disposiciones. Lo propio de la muerte de Cristo radica más bien, evidentemente, en que la muerte, que es manifestación del pecado, en Él fue aparición de la gracia. El vacío del hombre se hizo plenitud de Dios, cosa que de suyo y originariamente no era. La muerte se hizo vida. Más aún, la condenación visible se hizo comienzo visible del reino de Dios. Y todo esto, no solo en el sentido de que la muerte de Cristo operaba estas cosas y era objetivamente causa de ellas con causalidad moral. El sentido es otro: lo que de suyo solo podía ser aparición del pecado, en Cristo fue comprendido en la acción de su propia gracia y convertido así en algo totalmente otro de lo que parecía ser.[78]

Llama la atención que Pablo únicamente hable en una sola ocasión de forma explícita de la resurrección de los impíos (Hechos 24, 15), aunque en otros tantos lugares sí que lo hará de la perdición de los pecadores irredentos. También podemos apuntar que el término *Gehenna* para referirse al lugar donde irán los inicuos no se usa fuera de los evangelios salvo en una ocasión (Santiago 3, 6). Ello posiblemente se debe a que no sería entendido fuera del entorno judaico.

---

[78] RAHANER, Karl. *Sentido teológico de la muerte*, pp. 77, 78.

Realmente el resto de libros del Nuevo Testamento tienen poco que agregar para nuestro tema salvo el de Apocalipsis. En el capítulo 20 se registra la resurrección de todos los fallecidos en dos fases, o más bien, dos resurrecciones en dos momentos diferentes. Esto es una novedad ya que no aparece en ningún otro lugar del Nuevo Testamento.

Una primera tiene lugar antes del llamado *Milenio* y se lleva a cabo cuando Jesús se manifiesta. Los resucitados son los que han muerto por su fe, los mártires, y reinan con Cristo en este período en tanto que Satanás es encadenado. Cuando este tiempo de mil años finalizada es cuando todos los demás son resucitados para encarar el *juicio final*. Los justos se reunirán con los mártires anteriormente resucitados en tanto que los impíos serán lanzados al *lago de fuego*.

CONCLUSIONES

N. T. Wright dice que:

Desde Platón hasta Hegel y aquellos que los siguieron, algunos de los filósofos más importantes han declarado que lo que uno piensa acerca de la muerte y de la vida que hay más allá de la muerte, es la clave para pensar con la debida seriedad sobre todo lo demás y que, en realidad, este pensamiento es lo que le da a uno las principales razones y fundamentos para pensar con la debida seriedad sobre cualquier tema o aspecto. Esto es algo con lo que cualquier teólogo cristiano debería estar totalmente de acuerdo.[79]

Estamos de acuerdo con Wright, y es por lo que el propósito que ha perseguido este libro ha sido el de dar soporte bíblico y extrabíblico a esta imprescindible conclusión con el importante complemento de servir además como una clave de interpretación bíblica.

Para ello recorrimos las Escrituras del Antiguo Testamento, pasamos por la literatura intertestamentaria y nos adentramos en los pasajes más destacados del Nuevo. Mientras lo hacíamos dimos algunas pautas para la correcta comprensión de una serie de textos a la luz del

---

[79] *Sorprendidos por la esperanza*, pp. 24, 25.

pensamiento de la vida de ultratumba que se tenía en cada momento. Esta creencia marcaba la mentalidad, el estar e incluso el concepto de Dios y de sus acciones que tenía el justo israelita.

La revelación bíblica no cayó del cielo como un cuerpo cerrado e inalterable, sino que fue pensada y experimentada en cada momento, en cada evento trascendente ya fuera a nivel personal o nacional. El creyente israelita vivió su fe dentro de su tiempo y cultura, y su idea de Dios fue evolucionando a la par que una nueva revelación divina acontecía. Todo ello quedó plasmado en las Escrituras veterotestamentarias.

Las experiencias que tuvieron lugar a partir del destierro babilónico fueron traumáticas, marcando de esta manera auténticos puntos de inflexión tanto en la visión de Yavé que se fue teniendo como en la reflexión en torno a la pregunta de cuál era el propósito de ser ellos el pueblo escogido.

La terrible persecución e intento de aniquilación de la religión hebrea llevada a cabo por Antíoco IV en el siglo II a. C., catalizó el establecimiento de la creencia en dos destinos finales y diferenciados, uno para los justos y otro para los impíos. La fe en la resurrección quedó fijada como la respuesta definitiva de un Dios justo y bueno que no podía dejar a los suyos morir sin más a manos de los malvados. Esta esperanza revolucionó la espiritualidad israelita siendo el campo propicio sobre el cual germinó la nueva fe cristiana.

Para los discípulos originales de Jesús, todo parecía que había fracasado con la muerte de su maestro, pero de nuevo, un hecho relacionado con la vida tras esta vida lo cambió todo. Unas mujeres decían haber visto a Jesús resucitado, también hablaban de una tumba vacía. Las dudas se disiparon, el temor dejó paso al valor y la Iglesia naciente se extendió por todo el Imperio.

La cuestión de la muerte y si creemos que existe algo tras la misma define en gran manera nuestra vida, nuestro estar en esta tierra. Además, aunque se pretenda que uno puede dejar pasar este asunto, la realidad es la contraria, se ha tomado una decisión al respecto, ya que como bien señala Hans Küng

> En cuanto a un individuo se le plantea la cuestión en toda su hondura, se hace *ineludible* que tome una *decisión* libre, aunque no arbitraria. Como en el problema de Dios, también en el problema de la vida eterna vale lo siguiente: el hombre tiene que

decidirse, sin coacción intelectual, pero también sin prueba racional alguna. Creer en la eternidad o «creer en la temporalidad»: ambas cosas son una aventura, un riesgo. ¡Quién arriesga, gana! Y, como en el problema de Dios, también aquí ocurre que quien no elige, elige; ha elegido no elegir.[80]

Jesús es la respuesta definitiva. Continuando en la línea daniélica se presentó como la Resurrección y la Vida. Su muerte no fue el final, sino el principio. El principio de la Iglesia, pero también de los últimos tiempos. La escatología se inicia con su resurrección y es la visión del resucitado la que confirma a sus discípulos que no lo habían seguido en vano. A partir de entonces millones de personas han confesado sus pecados y han recibido el perdón y la promesa de la vida eterna. Es esta vida eterna la que le provee de sentido a la presente terrenal, finita y a menudo llena de angustia y dolor. Y es que los creyentes entendemos toda la revelación bíblica e invertimos nuestra energía y tiempo dependiendo de lo que pensamos que hay más allá de la última frontera. Es por tanto una interpretación de nuestra propia existencia y de donde nace la esperanza, el grito de fe que exclama que Jesús ha resucitado y nos está esperando. Únicamente es necesario recordar que debemos ser consecuentes con lo que decimos creer, dejar atrás todo tipo de hipocresía y fachada y tener muy presente que muchas otras personas necesitan conocer la Vida (Jesús) que nosotros una vez descubrimos.

Ante esto tenemos que evitar el error de pensar que los cristianos creemos únicamente en una vida tras la muerte, sino que debemos afirmar con toda rotundidad que también hay una anterior, la actual. El cristianismo no es una vía de escape, una especie de alucinógeno para pasar del mejor modo posible esta existencia terrenal.

Es cierto que en ocasiones nos toca atravesar por experiencias tremendamente duras y que nos llevan a un sufrimiento extremo. Pero no estamos hablando de esto. Lo que se pretende resaltar es que la nueva realidad en Cristo comienza aquí y ahora, y es donde los hijos de Dios deben marcar la diferencia a todos los niveles. Existen muchas formas de morir y en este mundo están todas. No se trata únicamente de ir a la tumba sino de la apatía, de la soledad, de la falta de propósito, de la angustia... Es aquí en donde el creyente debe mostrar lo que dice

---

[80] *¿Vida eterna?*, pp. 136, 137.

creer, ser la sal y la luz en un mundo sin esperanza y en oscuridad. No se trata de enajenarse permaneciendo escondidos y ausentes en la autocomplacencia y la comodidad o en crear una subcultura paralela. Muy al contrario, se debe tener siempre presente que la vida eterna ya ha comenzado y que por ello se tiene la responsabilidad de encarnar y mostrar al prójimo qué es exactamente esa eternidad, de qué trata. Tenemos el encargo divino de ser los pies y las manos del Maestro mostrando con nuestras palabras y actos la compasión por el paria, pero también manifestando la firme protesta por las injusticias cometidas contra el ser humano y contra la naturaleza al completo. Es una protesta pasiva y activa. Es toda la buena creación de Dios la que está clamando por la redención y es ella la que será renovada en su totalidad. Entre el cielo y la tierra ya no habrá diferencia, todo formará parte del Reino de Dios, un universo renovado.

El lobo vivirá con el cordero, el leopardo se echará con el cabrito, y juntos andarán el ternero y el cachorro de león, y un niño pequeño los guiará. La vaca pastará con la osa, sus crías se echarán juntas, y el león comerá paja como el buey. Jugará el niño de pecho junto a la cueva de la cobra, y el recién destetado meterá la mano en el nido de la víbora. No harán ningún daño ni estrago en todo mi monte santo, porque rebosará la tierra con el conocimiento del SEÑOR como rebosa el mar con las aguas (Isaías 11, 6-9, NVI).

La muerte será un paso, un abrir y cerrar de ojos. Podríamos decir que incluso sufriremos una especie de metamorfosis para ahora poder vivir bajo otros parámetros, lo perecedero ha quedado atrás.

El fallecimiento será la caída del telón que marcará el final de la función... pero inmediatamente volverá a levantarse y comenzará un último acto eterno. No se trata, por tanto, de un rompimiento con la anterior existencia de la cual no nos acordaremos, sino de la continuación de la misma. En esta nueva realidad veremos lo que antes únicamente intuíamos, escucharemos lo que antes solamente nos atrevíamos a soñar. Será como el regreso de un agotador viaje, una vuelta al hogar que siempre habíamos anhelado. El refugio seguro, el lugar en el cual no hay nada que temer. Por fin hemos llegado a casa.

BIBLIOGRAFÍA

BAUMAN, Zygmunt. *Vida Líquida*. Barcelona, Espasa Libros, S. L. U., 2006.

BLANCHARD, John. *¿Qué ha pasado con el infierno?* Ciudad Real, Editorial Peregrino, 2002.

BOFF, Leonardo. *Hablemos de la otra vida*. Santander, Sal Terrae, 1978.

BOYD, Gregory. *Satanás y el problema de la maldad*. Miami, Editorial Vida, 2006.

CHAN, Francis, y SPRINKLE, Preston. *¿Eliminamos el infierno?* Florida, Casa Creación, 2011.

CHAPMAN, M. L., PURKISER, W. T., WOLF, E. C., HARPER, A. F. *Comentario Bíblico Beacon*. Kansas City, Casa Nazarena de Publicaciones, 1996.

CULLMANN, Oscar. *Cristo y el tiempo*. Barcelona, Editorial Estela, 1968.

CUVILIER, Elian. *Los apocalipsis del Nuevo Testamento*. Estella, Editorial Verbo Divino, 2002.

ENDŌ, Shūsaku. *Jesús.* Madrid, Espasa Calpe, 1996.

GARCÍA CORDERO, Maximiliano. y PÉREZ RODRÍGUEZ, Gabriel. *Profesores de Salamanca. Biblia Comentada. IV Sapienciales.* Madrid, Biblioteca de autores cristianos (BAC), 1967.

GARCÍA CORDERO, Maximiliano. *La esperanza del más allá a través de la Biblia.* Salamanca, Editorial San Esteban, 1992.

GERARD, André-Marie. *Diccionario de la Biblia.* Madrid, Anaya y Mario Muchnik, 1995.

GOURGUES, Michel. *El más allá en el Nuevo Testamento.* Estella, Editorial Verbo divino, 1987.

GUTHRIE, Donald., MOTYER, J. Alec., STIBBS Alan. M. y WISEMAN, D. J. (Eds). *Nuevo Comentario Bíblico.* El Paso, Casa Bautista de Publicaciones, 1992.

GUTIÉRREZ, Gustavo. *Hablar de Dios desde el sufrimiento del inocente.* Salamanca, Ediciones Sígueme, 2006.

HARRISON, Everett. (Ed.). *Diccionario de Teología.* Michigan, Libros Desafío, 1999.

HENDRIKSEN, William. *La Biblia sobre la vida venidera.* Michigan, T.E.L.L., 1987.

JOSEFO, Flavio. *Antigüedades de los judíos* (3 vols.). Terrassa, Barcelona, CLIE, 1988a.

———. *La guerra de los judíos* (2 vols.). Terrassa, Barcelona, CLIE, 1988b.

KÜNG, Hans. *¿Vida eterna?* Madrid, Ediciones Cristiandad, 1983.

LACUEVA, Francisco. *Diccionario Teológico Ilustrado.* Revisado y ampliado por Alfonso Ropero. Terrassa, Barcelona, CLIE, 2001.

LONGMAN III, T., WHITOIT, J. C., y RYKEN, L. (Editores). *Gran diccionario enciclopédico de imágenes & símbolos de la Biblia.* Terrassa, Barcelona, CLIE, 2015.

LÜDEMANN, Ged y ÖZEN, Alf. *La resurrección de Jesús.* Madrid, Editorial Trotta, S. A., 2001.

LURKER, Manfred. *Diccionario de Imágenes y Símbolos de la Biblia.* Córdoba, Ediciones El Almendro, 1994.

MAIER, Johann. *Entre los dos testamentos. Historia y religión en la época del segundo templo.* Salamanca, Ediciones Sígueme, 1996.

MARCHADOUR, Alain. *Muerte y vida en la Biblia.* Estella, Editorial Verbo Divino, 1987.

MARGUERAT, Daniel. *Resurrección. Una historia de vida.* Madrid, Fliedner ediciones, 2012.

MARTÍNEZ, Jose Mª. *Job, la fe en conflicto.* Tercera edición. Terrassa, Barcelona, CLIE, 1989.

MCGRATH, Alister. *La ciencia desde la fe.* Barcelona, Espasa Libros, S. L. U., 2016.

MINOIS, Georges. *Historia de los infiernos.* Barcelona, Ediciones Paidós Ibérica, 2005.

MOLTMANN, Jürgen. *La venida de Dios. Escatología cristiana.* Salamanca, Ediciones Sígueme, 2004.

PAUL, André. *Intertestamento.* Estella, Editorial Verbo Divino, 2001.

PIÑERO, Antonio y GÓMEZ SEGURA, Eugenio. *El juicio final. En el cristianismo y las religiones de su entorno.* Madrid, Editorial Edaf, 2010.

PIÑERO, Antonio. *Los apocalipsis. 45 textos apocalípticos, apócrifos judíos, cristianos y gnósticos.* Madrid, Editorial Edaf, 2007

———. *Apócrifos del Antiguo y del Nuevo Testamento*. Madrid, Alianza Editorial, 2016.

PLATÓN. *Fedón*. Barcelona: Edicomunicación, S. A., 1995.

RAHNER, Karl. *Sentido teológico de la muerte*. Barcelona, Editorial Herder, 1965.

ROPERO, Alfonso. (Editor general). *Gran Diccionario Enciclopédico de la Biblia*. Terrassa, Barcelona, CLIE, 2013.

RUSSELL, D. S. *El período Intertestamentario*. El Paso, Casa Bautista de publicaciones, 1997.

TORRES QUEIRUGA, Andrés. ¿Qué queremos decir cuando decimos «infierno»? Cantabria, Editorial SAL TERRAE, 1995.

———. *Repensar la resurrección*. Madrid, Editorial Trotta, S. A., 2005.

VERMES, Geza. *La resurrección*. Barcelona, Ares y Mares (Editorial Crítica), 2008.

VILA, Samuel. *Vida después de la muerte*. Terrassa, Barcelona, CLIE, 1990.

WIGODER, Geoffrey. (Ed.). *Nuevo Diccionario de la Biblia*. Madrid, Del Taller de Mario Muchnik, 2001.

WOLFF, Hans Walter. *Antropología del Antiguo Testamento*. Salamanca, Sígueme, 2001.

WRIGHT, Christopher J. H. *El Dios que no entiendo*. Miami, Editorial Vida, 2010.

WRIGHT, Nicholas Thomas. *Sorprendidos por la esperanza. Repensando el cielo, la resurrección y la vida eterna*. Miami, Convivium Press, 2011.

REVISTAS

ROPERO, Alfonso. "La inmortalidad del alma, ¿doctrina bíblica o filosofía griega?". *Alétheia*, nº 8, 1995.